Napoléon et l'Alsace

De l'histoire à la légende

Roland Oberlé

Carré Blanc
éditions

À la mémoire de mes maîtres
Félix Ponteil
et Fernand L'Huillier

Sommaire

Introduction

L'entrée en 1798 de Mulhouse dans le giron français constitue à la fois le point d'orgue et le symbole de la transformation de l'Alsace, mosaïque hétéroclite en un ensemble cohérent désormais tourné vers la France. Malgré les réticences, malgré les rancœurs tenaces nées essentiellement des persécutions religieuses, l'Alsace française est née. Elle est née dans les malentendus et les incompréhensions mutuelles. Les autorités parisiennes n'ont jamais vraiment compris que l'Alsacien était parfaitement capable de concilier idéalisme révolutionnaire et conservatisme des pratiques. En 1789 et 1790, une grande majorité adhère à l'ordre nouveau qui débarrasse le paysan de la tutelle du seigneur et le citadin du carcan des institutions sclérosées. Mais l'Alsacien répugne aux excès, déteste la violence et la contrainte. Aux heures les plus graves de la Terreur, il s'est toujours trouvé des hommes, même parmi les Jacobins les plus affirmés, pour tenter de revenir à plus de raison : on sauve la cathédrale, on sauve des vies humaines. Le vandalisme a fait moins de dégâts ici qu'ailleurs et la guillotine n'a fait qu'une centaine de victimes dans toute la région, chiffre qu'il faut comparer avec les massacres de Lyon et de Nantes. Encore faut-il remarquer que l'appareil répressif, stimulé par les représentants en mission, est surtout entre les mains d'Alsaciens de très fraîche date.

Malentendu aussi lorsqu'on envisage le critère linguistique. L'allemand, à la fois « langue des tyrans » et « langue des esclaves », est le moyen de communication de la plupart des Alsaciens qui ont fréquenté l'école, la monarchie n'ayant pas considéré l'apprentissage du français comme une priorité. Quant aux illettrés, le dialecte est leur seul moyen d'expression. Le drame, c'est que, dans la guerre dont l'Alsace est le théâtre permanent, la population se trouve dans la situation de parfaitement comprendre et se faire comprendre des Autrichiens et des Prussiens, alors qu'elle est incapable de communiquer avec les contingents français, dont les soldats de base parlent d'ailleurs très généralement leur langue ou leur patois. D'où la suspicion, les accusations de collusion avec l'ennemi et de trahison qui, si elles se produisirent, n'eurent pas, il s'en faut de beaucoup, l'ampleur que leur prêtent les chantres de la « francisation ». Autres difficultés : l'ignorance de la langue officielle rend la plupart des Alsaciens incapables d'exercer des fonctions publiques, d'où le rôle important joué par les « Hargeloffeni ».

La société alsacienne a subi de profonds bouleversements : appauvrissement du clergé catholique et de la noblesse, mise à l'écart de beaucoup de vieilles familles des oligarchies urbaines d'avant 1789, apparition d'une nouvelle bourgeoisie « parvenue », les Prost, Renouard-Bussière, Kolb, Saum, Saglio, Human fournisseurs aux armées, spéculateurs vendeurs qui arrondiront leur fortune au moment du blocus continental dans le coton, l'indigo et la contrebande, ce qui permettra à certains d'entre eux de se constituer une assise sociale suffisante pour acquérir la capacité politique sous la Restauration et la monarchie de Juillet.

La paysannerie a pu trouver dans la Révolution la satisfaction partielle de sa « faim de terres », mais, dans les villages mixtes, la tension entre catholiques et protestants devient critique. La Révolution, qui leur a donné les droits civiques, n'a rien changé quant à l'intégration des juifs dans la société alsacienne. À Strasbourg, certains d'entre eux sont parvenus au même niveau que la nouvelle bourgeoisie, mais en demeurent totalement exclus. Avec le traité de Bâle, toute la rive gauche du Rhin est devenue française et Strasbourg retrouve son rôle de ville de passage et de centre commercial. Le professeur Aufschlager est optimiste pour l'avenir : « Peu à peu, on jouit d'une certaine liberté. Le papier-monnaie disparaît, le crédit revient. Les fournitures pour l'armée mettent beaucoup d'argent en circulation. Les victoires de Bonaparte et de Moreau répandent une joie générale. On commence à exprimer, dans les petites réunions, le vœu que le vainqueur d'Italie s'empare du gouvernement. La liberté et l'égalité avaient régné jusqu'à cette époque. Les mœurs s'étaient adoucies, le tutoiement avait cessé. Les nouveaux riches s'adonnent au luxe. Les sciences et les arts sont cultivés avec ardeur et tout annonce la prospérité. On ne se plaint que de l'incapacité du gouvernement. »

Nous trouvons ici parfaitement exprimée la réalité politique du moment, l'incapacité du gouvernement et le remède proposé pour le pallier : que « le vainqueur d'Italie » s'empare du gouvernement. Quelques rares Alsaciens n'apprécient pas et le font savoir. Le Colmarien Jean-Baptiste Reubell, l'un des cinq membres du Directoire et président du gouvernement, qui durant quatre années gouverna la France, fut de ceux-là, lançant à Bonaparte qui, après Brumaire, lui offrait un poste administratif important : « Je ne puis accepter car je ne vous aime pas. Vous affectez les allures d'un despote et je hais la tyrannie. » Le Premier Consul répondit : « Ma politique est de gouverner les hommes comme le grand nombre veut l'être. C'est là, je crois, la manière de reconnaître la souveraineté nationale. »

Cependant la plupart des Alsaciens, d'abord résignés et indifférents, en arrivent très vite à vouer un véritable culte à l'homme dont Fanny de Berckheim écrit, s'adressant à sa sœur : « On n'est pas plus honnête, plus charmant, plus simple que Bonaparte »... « Je suis heureuse d'avoir vu Bonaparte. Que n'étiez-vous ici ! »

N'est-ce pas, après l'explosion de la Révolution, l'apparition du dernier des despotes éclairés ? Issu de la Révolution, en recueillant les fruits et non les larmes, né du pouvoir de l'armée, mais maintenant à leur place les militaires, poussé par les banquiers vers le coup d'État, mais méprisant l'argent et assurant aux acheteurs de biens nationaux la propriété de leurs biens, le Premier Consul, puis l'Empereur, s'efforce de concilier l'égalité des droits et l'autorité sociale des notables. En Alsace, cet appel est entendu, d'autant plus qu'après la remise en ordre chère au cœur des Alsaciens et la pacification religieuse cet appel s'étend à l'ensemble de l'Europe, Europe militaire sans doute, où Strasbourg joue son rôle de place forte, mais Europe commerçante également, où le blocus donne à la ville du Rhin la place que délaissent les ports atlantiques et fait la fortune de Mulhouse et de Bischwiller.

« La gloire des armes » tient lieu de la « vertu » des sociétés antiques sur lesquelles prétend se modeler la nouvelle société, mais la légende napoléonienne, pour se créer, aura besoin du retour des Bourbons, après un ralliement quasi instantané des autorités. De l'Histoire à la Légende : où est la Vérité ?

Portrait équestre de Napoléon Ier
chromolitographie de C. Vernet

Napoléon I.
Empereur des Français

Des hommes pour administrer l'Alsace

La réforme administrative de février 1800 introduisait de profondes modifications dans la gestion du pays. L'élection et l'autonomie des administrations locales, deux des grands principes de la Révolution, faisaient place à la centralisation dont les principaux instruments allaient être les préfets. Héritiers des intendants d'Ancien régime, les préfets, qui vont se succéder dans l'ancien hôtel de l'intendance pour celui du Bas-Rhin, dans l'actuel hôtel de ville pour celui du Haut-Rhin, disposent d'une autorité bien plus grande dans le cadre du département : les pouvoirs seigneuriaux et communaux qui entravaient l'action de leurs prédécesseurs n'existent plus.

1. Les préfets du Bas-Rhin

Jean-Charles-Joseph Laumond

Le 29 avril 1800, Jean-Charles-Joseph Laumond, premier préfet du Bas-Rhin, fait son entrée à Strasbourg. Originaire de Lille, il a été formé dans les bureaux des intendances à Lille, à Paris et à Nancy. Il a acquis une certaine expérience dans le domaine financier lors de son passage au Contrôle général des finances de 1780 à 1784 et, sous la Révolution, à l'Extraordinaire et au commissariat des revenus nationaux (1794-1795). Consul général à Smyrne jusqu'en 1798, puis à Hambourg, il devient commissaire civil de l'armée d'Italie en 1799. Revenu d'Italie, il occupe pendant quelques mois les fonctions d'administrateur des monnaies jusqu'au jour où le ministre de l'Intérieur, Chaptal, le désigne au Premier Consul pour la préfecture du Bas-Rhin.

Son principal mérite est d'avoir su créer une atmosphère d'apaisement et de confiance sans laquelle toute tentative de redressement économique eût été vouée à l'échec. Avec l'aide de ses subordonnés et de collaborateurs bénévoles, le préfet entreprend une large enquête destinée à déterminer les causes de la paralysie de l'activité économique de la région depuis la fin de l'Ancien Régime et à définir les améliorations susceptibles d'y remédier. Les résultats de cette enquête sont réunis dans un ouvrage intitulé *Renseignements statistiques sur plusieurs objets importants de l'administration du Bas-Rhin.*

Si Laumond a laissé le souvenir d'un grand ou plutôt d'un bon préfet, c'est que, grâce à son caractère amène, à sa compréhension des intérêts du département, il a réussi à jeter les bases d'une restauration sociale et économique qui sera l'œuvre de ses successeurs. Victime de la réorganisation préfectorale de 1801, il doit quitter son poste, non sans emporter le témoignage de l'estime de ses administrés, lettres de remerciements des conseillers de préfecture, des citoyens de la ville, ainsi que des présents, dont un bas-relief en argent représentant la cathédrale !

Henry Shée

Son successeur, Henry Shée, d'origine irlandaise, a déjà toute une carrière derrière lui au moment où il arrive à Strasbourg. Professeur à Paris avant la Révolution, très lié avec Dumouriez et Danton et soutenu par Hoche, il embrasse la carrière militaire et finit général de brigade. Commissaire du gouvernement dans les pays annexés, préfet du département du Mont-Tonnerre, il est nommé préfet du Bas-Rhin le 26 septembre 1802. Il restera en fonction pendant près de huit ans. Il possède sur Laumond l'avantage considérable de pouvoir s'exprimer en allemand.

Il est assez malaisé de cerner avec exactitude la personnalité du nouveau préfet, qui semble médiocrement apprécié par son ministre de tutelle. Ce serait « un homme capable mais d'un dévouement modéré à ses devoirs, médiocrement aimé dans son département... très peu amène, partial ». Mais il y a plus grave : la négligence du préfet laisse les mains libres à deux personnages qui n'hésitent pas à profiter de leurs hautes fonctions pour s'enrichir par la prévarication, le trafic d'influence et la contrebande sur une grande échelle : le secrétaire général de la préfecture, Forest, et l'ingénieur en chef du département, Kastner. Or, à Paris, dans les bureaux du ministère, on n'ignore rien de la situation que les flots de lettres de réclamation ne cessent de dénoncer. On sait que le préfet, « livré à l'influence de deux fonctionnaires subordonnés, suit trop facilement des conseils qu'on ne croit pas désintéressés ». Pourquoi l'avoir maintenu ?

De santé très fragile et son état s'aggravant d'année en année, Shée reste confiné dans sa chambre ou son cabinet, laissant à Kastner et Forest qu'il soutient envers et contre tous, la haute main sur l'administration du département. Les deux compères en profitent, avec la complicité agissante du maire Wangen de Geroldseck pour donner de l'extension à leurs trafics. Kastner prélève sa dîme sur les entrepreneurs, fait de substanciels bénéfices dans la construction du pont de Kehl, Forest réalise d'énormes profits en protégeant la contrebande, truquant les adjudications et prévariquant sur les fournitures.

En 1810 enfin, le gouvernement décide de mettre un terme au pourrissement de l'administration du Bas-Rhin ! Le 5 février, Shée est nommé membre du Sénat conservateur, élégante manière de travestir la mise à pied ! Le préfet disgracié manquait-il vraiment de toute énergie ? Ce n'est pas l'avis du commissaire général de police, Popp, qui lui rend hommage dans un rapport secret au ministre de la police Savary : le préfet a « muselé tous les réactionnaires anti-Français », c'est-à-dire tous les notables qui n'acceptaient l'ordre nouveau qu'avec réticence et, parmi eux, le maire de Strasbourg, Hermann qui, « chaque jour suscite de nouvelles entraves à mon administration » et dont il finit par obtenir la suspension en 1805.

Adrien de Lezay-Marnésia

Avec l'arrivée d'Adrien de Lezay-Marnésia, le 4 mars 1810, commence l'assainissement de l'administration préfectorale et municipale. Issu d'une famille aristocratique, il voit son père émigrer en Amérique en 1790. Pour sa part, il fait ses études à l'université de Göttingen où, en plus d'une vaste culture, il acquiert la maîtrise de la langue allemande. Rentré en France en 1792, il s'enrôle dans la garde nationale de Paris et fréquente les Beauharnais avec qui sa famille était en relation. La chute des Girondins le conduit à se réfugier à Forges-les-Eaux où il demeure jusqu'au 9 thermidor. Rentré à Paris, on le trouve chez madame de Staël où il fait la connaissance de Roederer dont il devient le collaborateur au *Journal de Paris*. Le coup d'État du 4 septembre 1797, contre les royalistes, le force à s'exiler en Suisse : il était toujours encore inscrit sur la liste des émigrés. En 1801, enfin rayé de la liste, il vient faire des offres de service à Bonaparte qui le considère d'abord avec méfiance mais le charge d'une mission en Hongrie. En 1803, nommé ministre de la France à Salzbourg, il s'attire les reproches du Premier Consul pour avoir pris trop à cœur les intérêts du duché... Grâce à Joséphine, il rentre en grâce et obtient la préfecture de Rhin-et-Moselle. En quatre ans, il réussit à transformer son département d'une façon si remarquable qu'il obtient, sans l'avoir demandée, la préfecture du Bas-Rhin.

Le nouveau préfet, atterré par l'état de son

département, condamne son prédécesseur qui a « désorganisé et corrompu le plus beau département de l'Empire ». C'est un véritable travail d'assainissement qu'il entreprend. Dès le mois d'avril, l'ingénieur Kastner est suspendu ; le mois suivant Forest est éliminé. En septembre, c'est le tour du maire de Strasbourg, Wangen de Geroldseck qui, en vain, fait jouer tous ses appuis ! Le préfet s'élève, à cette occasion, contre la pratique de la recommandation, l'une des plaies du système : « L'un se réclame du duc de Feltre, l'autre du duc de Rovigo, un troisième du général Rapp, celui-ci de M. le Maréchal Kellermann ». Ayant ainsi remis de l'ordre, le nouveau préfet poursuit avec fruit sa tâche, trop tôt interrompue par sa mort accidentelle le 9 octobre 1814.

Nous aurons tout au long de cet ouvrage l'occasion d'évoquer l'œuvre colossale accomplie en à peine quatre ans par Lezay, « le préfet des paysans » maîtrisant parfaitement l'allemand et s'étant mis facilement au dialecte. Il fut, sans discussion, le préfet le plus aimé des Bas-Rhinois, tout particulièrement des paysans qui avaient en lui une confiance totale. Il faudra attendre le Prince-Président Louis-Napoléon pour retrouver un tel engouement pour une personnalité « parisienne ». Il est vrai que lui aussi parlait le dialecte alsacien !

2. Les préfets du Haut-Rhin

Jean-Baptiste Harmand

Le 2 mars 1800 Jean-Baptiste Harmand devient le premier préfet du Haut-Rhin. Originaire de Souilly dans la Meuse, cet ancien juge de paix de Bar-le-Duc a fait carrière dans les assemblées révolutionnaires : conventionnel de la Plaine, membre du comité de Sûreté Générale après la chute de Robespierre où il œuvre pour la libération de nombreux prisonniers, élu au conseil des Anciens où il se fait l'avocat des fugitifs d'Alsace du Nord lors de la « grande fuite », réélu au Corps législatif, il se monte favorable au coup d'État de Brumaire. Sur les conseils de Cambacérès, Bonaparte décide de nommer l'avocat des fugitifs alsaciens, non pas dans le Bas-Rhin où les séquelles de la « grande fuite » requéraient beaucoup de doigté, mais à Colmar. Cet opportuniste sans grande personnalité se montre d'une grande indulgence envers les prêtres réfractaires de Haute Alsace qui rentrent au pays et montrent peu d'enthousiasme à prêter la déclaration de fidélité à la constitution. De ce fait, il entre en conflit avec son secrétaire général Mourer qui en réfère à Fouché. Après seulement huit mois de présence à Colmar, Harmand tombe en disgrâce.

François-Joseph-Michel Noël

Cet ancien clerc réputé pour sa souplesse et son habileté s'est essayé à la diplomatie, à l'administration comme directeur des hôpitaux, des octrois et des secours publics, à la police en tant que commissaire général à Lyon, à la politique comme membre du Tribunat. Manifestement, la carrière préfectorale lui sourit peu et, dès le printemps 1802, il quitte ses fonctions à Colmar pour devenir inspecteur général de l'Instruction publique.

Félix Desportes

Ce fils d'un opulent négociant rouennais arrive à Colmar en juillet 1802, riche d'un passé révolutionnaire très éclectique. Premier maire de Montmartre en 1790, il est l'homme de Dumouriez qui le nomme ministre-résident à Deux-Ponts (Zweibrücken). Officiellement, il est chargé de régler le problème des indemnités dues aux princes allemands possessionnés en Alsace qui venaient d'y perdre leurs terres, secrètement il est missionné pour négocier le retour en France des frères de Louis XVI. Il devient par la suite un spécialiste des missions auprès des cantons suisses. Homme de Danton après avoir été celui de Dumouriez, il est entraîné avec lui dans sa chute, mais échappe à la guillotine. De retour en Suisse, il tire les ficelles du complot qui aboutit à la chute de la république de Genève et organise le nouveau département du Léman. On le retrouve secrétaire général du ministère de l'Intérieur sous la direction de Lucien Bonaparte, puis premier secrétaire d'ambassade à Madrid (1800).

Sa morale élastique, son goût du luxe, son faste ostentatoire (grande propriété à Pulversheim) lui valent des accusations de malversation. Il est relevé de ses fonctions en 1812 et destitué l'année suivante. Son remplaçant, La Vieuville, ne restera en fonction qu'un mois, du 12 mars au 14 avril 1813.

3. Le personnel préfectoral : des notables alsaciens

Selon la volonté de Napoléon, les préfets qui se sont succédé à Strasbourg et à Colmar étaient étrangers au département, mais ils se sont tous entourés d'hommes qui en étaient originaires, à l'exception de la deuxième génération de secrétaires généraux : Forest à Strasbourg et le Parisien Briche à Colmar.

Dans le Bas-Rhin

Dans le conseil de préfecture du Bas-Rhin, composé de cinq membres, nous retrouvons des notables dont certains ont déjà siégé dans l'une ou l'autre des assemblées révolutionnaires : Schwendt, l'élu de Strasbourg aux états généraux, François-Ignace Metz qui a siégé aux Cinq-Cents et qui occupera les fonctions de secrétaire général de la préfecture, Jean-Denis Ferat qui a été membre des Anciens, aux côtés de Jacques-Frédéric Brackenhoffer qui sera maire de Strasbourg de 1810 à 1815, l'avocat imprimeur Levrault et des magistrats et avocats comme Kleinmann, Engelmann, Dumesnil, Dumichel, Dartein. Ils appartiennent à cette bourgeoisie adepte de la révolution modérée qui eut maille à partir avec les Jacobins. Chargés d'aplanir les difficultés pouvant surgir entre l'administration et les particuliers, ils s'acquittent de leur tâche avec dévouement, sont très écoutés des préfets et appréciés de la population.

Collaborateur direct du préfet, le secrétaire François-Ignace Metz passe pour le chef du parti catholique. Ancien avocat au Conseil souverain d'Alsace, il n'a jamais rien eu d'un révolutionnaire. Il est remplacé par Forest qui n'est pas alsacien, un protégé de Shée issu des milieux militaires et qui s'illustre fâcheusement comme prévaricateur, maître-contrebandier et trafiquant d'influence en tout genre.

Les sous-préfets sont en grande majorité des personnalités locales : Kolb puis Reiss à Saverne, Frantz, Hosemann, Brandès puis Verny à Wissembourg, Cunier à Sélestat, Dartein à Strasbourg. Nous nous contenterons de présenter les deux derniers pour illustrer l'éclectisme qui présida au choix de ces administrateurs.

David Charles Henri Cunier, d'origine suisse, est pasteur de la paroisse réformée de Bischwiller depuis cinq ans quand éclate la Révolution à laquelle il adhère avec enthousiasme. Fondateur et président de la société des Amis de la Constitution (1791), ami d'Hérault de Séchelles, responsable de la levée de 50 000 Alsaciens en 1792, membre du club des Jacobins, il abjure sa foi en 1793. il fut l'année suivante membre du Directoire du district de Haguenau, président de l'administration centrale du département (1798), membre du Corps législatif puis des Cinq-Cents. Il est nommé sous-préfet de Barr puis Sélestat en 1800, et le demeure jusqu'en 1814 et sous les Cent-Jours. Il finit sa carrière comme notaire à Bischwiller.

Après le protestant révolutionnaire bon teint, voici l'aristocrate catholique : Charles Hermine Louis Honoré de Dartein, fils aîné de Charles de Dartein, ancien prêteur royal de Sélestat et conseiller de préfecture. Le jeune Dartein fait partie de la garde d'honneur de l'impératrice Joséphine pendant son séjour à Strasbourg à l'âge de 18 ans. Il est nommé auditeur au conseil d'État à 22 ans, et sous-préfet de l'arrondissement de Strasbourg en 1811 à l'âge de 23 ans, fonction qu'il occupe jusqu'en septembre 1814 où il décède. Il avait 25 ans.

Le premier conseil général du régime comporte treize propriétaires fonciers, cinq notaires, trois fonctionnaires, trois négociants. Par la suite, la représentation du commerce et de la banque sera nettement augmentée. Contentons-nous de citer les présidents de cette assemblée dont l'influence et l'action ne sont pas négligeables et qui, grande nouveauté, comporte un juif : Abraham Moch.

Voici d'abord l'imprimeur François Laurent Levrault, ancien avocat au Conseil souverain, ex-feuillant de la mouvance Dietrich, décrété d'arrestation sous la Terreur et émigré, radié des listes. Il est relayé par Bernard-Frédéric, baron de Turckheim, ancien maire de Strasbourg destitué en 1793 qui sera président du conseil général à sept reprises. Autre représentant de la noblesse alsacienne, le baron Louis Wangen de Geroldseck, ancien membre du Directoire départemental et autre feuillant, destitué comme ci-devant noble. Il échappe à l'arrestation et devient en 1800 membre du conseil général qu'il présida, et maire de Strasbourg de

1806 à 1810. Évoquons enfin la personnalité du seul universitaire ayant été président du conseil général (1811 et 1815), Louis Simon de Bernard de Montbrison nommé en 1810 recteur de l'université de Strasbourg. Mentionnons enfin parmi les présidents du conseil général Nicolas Betting de Lancastel (1814), Jean Georges Thomassin (1810), et Marie Antoine Magnier.

Dans le Haut-Rhin

Faisant fonction de secrétaire général, Mourer, Lorrain d'origine, est un ancien avocat au Conseil souverain d'Alsace. Son successeur, de Briche, un militaire de carrière parisien, est très apprécié du préfet Noël : « Un ami estimable, un coopérateur utile, un agent fidèle ». Comme adjoint à l'état-major de l'armée du Rhin, il réside à Colmar (1792). Emprisonné en 1793, il entre dans l'administration puis il est envoyé à Corfou comme commissaire du gouvernement, et à Ancône en tant que président de l'administration centrale du nouveau département du Métaure. En 1800, il devient le premier secrétaire général officiel de la préfecture du Haut-Rhin, et, en 1813, sous-préfet de Délémont.

En ce qui concerne les sous-préfets, à Altkirch, on trouve Sommervogel puis Joliat, à Délémont Holtz puis de Briche, à Porrentruy Liomin, Duplaquet, Daubers et enfin Lerat ; à Colmar, Mignot et Favre de Couvel, et à Belfort, Burger et Mengaud.

Intéressons-nous aux deux sous-préfets d'Altkirch. François-Xavier Sommervogel est un juriste strasbourgeois, avocat au Conseil souverain et conseiller à la Chambre des XV. Installé à Colmar, il en devient en 1781 le dernier prêteur royal. Il est le premier sous-préfet de l'arrondissement d'Altkirch de 1800 à 1806. il sera alors élu député du Haut-Rhin au Corps législatif. Il est plus que probable que Sommervogel a dû une grande partie de sa carrière à son beau-frère, collaborateur apprécié de Talleyrand.

Son successeur Louis-Joseph Joliat est un Suisse de Porrentruy, district dont il fut le secrétaire général en 1793. Il est nommé membre du Conseil de préfecture en 1800 et sous-préfet d'Altkirch en 1806.

Le grand mérite du sous-préfet de Belfort François-Martin Burger était d'avoir épousé en 1761 Reine Bogart de Rouffach, veuve de Jean-Nicolas Kléber et mère du grand Kléber. Il s'autorisait ainsi à évoquer « mon frère, le général ». Il avait été maire de Belfort de 1794 à 1795.

Comme dans le Bas-Rhin, le conseil général est composé de notables représentant les principales activités économiques. Parmi les seize premiers conseillers, voici le notaire François-Joseph Rauch natif de Sierentz ; le futur général de division Sigismond de Berckheim et défenseur du passage de la Bérézina ; Biau, un autre notaire originaire de Sierentz et maire d'Altkirch (1792-1795) ; Jacques de Reiset, receveur général des finances à Colmar puis à Mayence, Koechlin, le seul représentant de Mulhouse ; François de Schauenbourg, manufacturier maire de Herrlisheim, conseiller général de 1800 à 1815 et premier président de cette assemblée ; Godefroy de Waldner de Freundstein, conseiller en 1802, député au Corps législatif en 1811. Sans oublier François-Joseph Boecklin de Boecklingsau, conseiller de 1801 à 1811 au destin peu banal. Abandonné par sa mère, élevé aux Enfants Trouvés à Strasbourg, il est confirmé dans son titre et son héritage par le conseil souverain après douze ans de procédure.

Même si les membres du conseil de préfecture ou du conseil général sont bridés par l'autorité du préfet, leurs prérogatives sont bien plus réelles que celles des députés siégeant à Paris au Corps législatif et au Tribunat ! Le seul qui ait joué un rôle actif, bénéficiant de la confiance de Napoléon, est le maréchal Kellermann président du Sénat conservateur. En revanche, les députés aux autres assemblées n'ont pas l'assise locale nécessaire pour être vraiment représentatifs de la population et sont privés de tout pouvoir politique. En effet, ces députés sont choisis par le Sénat sur une liste de notabilités nationales issues des notabilités départementales, elles-mêmes désignées par les notabilités municipales. Par ailleurs membres de deux assemblées dont l'une discute mais ne vote pas, et l'autre, vote mais ne discute pas, leur rôle politique est nul. Parmi les Strasbourgeois qui siègent au corps législatif, nous trouvons Jean-Étienne Albert, François-Ignace Metz et Jean-François André qui avaient siégé aux Cinq-Cents, Jean-Denis Ferat qui avait été membre des Anciens, Keppler et Mathieu, anciens maires de Strasbourg ainsi que Louis Zaepfel. Au Tribunat qui fut supprimé par l'empereur en 1807, nous retrouvons Christophe Guillaume Koch, le négociateur des protestants strasbourgeois et ancien membre de l'Assemblée législative. Il en va de même pour les députés haut-rhinois Sommervogel, Waldner de Freundstein, Moreau, le juriste Jean-François Rossée qui avait été secrétaire puis président du conseil des Anciens (1797) et entré au corps législatif en 1799, et Jean-Ulrich Metzger, un Colmarien protestant. Très actif pendant la Révolution, membre du conseil des Cinq-Cents, c'est lui qui mena pour le compte de la France les négociations pour le rattachement de Mulhouse à la République et reçut les clefs de la ville en son nom. Député de 1801 à 1805, il fut un conseiller du gouvernement très écouté dans l'élaboration des Articles organiques qui organisaient le culte protestant de la confession d'Augsbourg.

4. Les nouvelles administrations municipales

Si la Constitution de l'an VIII définit la structure nationale en maintenant les départements et en créant l'arrondissement, la loi du 28 pluviôse an VIII (17 février 1800) définit le statut de l'administration municipale. Une loi : la nomination. Le maire est nommé par le Premier Consul, il est assisté d'adjoints. Le préfet nomme les conseillers municipaux. Les pouvoirs sont financiers et de police. Les nominations sont faites d'après le système des listes de notabilités.

À Strasbourg

Où siège la nouvelle assemblée ? Non plus au palais Rohan, devenu, par offre de la ville, Palais impérial en 1804. Mais, par échange, à l'hôtel dit de Darmstadt, n° 5 de la rue Brûlée. Deux tableaux y attendent le visiteur : *Napoléon*, œuvre du peintre R. Lefèvre, *Marie-Louise* (à partir de 1811), œuvre de Gérard. En 1809 la ville demande de reprendre ses anciennes armoiries. Les lettres patentes de 15 octobre 1811 précisent les modifications à apporter aux anciennes. Pour la correspondance et la rédaction des actes administratifs, l'emploi de la langue française est maintenu. Quels vont être les nouveaux maires de la ville ? Sans doute, en apparence, leur autorité apparaît limitée par l'omniprésence du préfet. En fait chacun sait que se joue là une question délicate de personnalité : aucun d'eux n'a intérêt à susciter des conflits, toujours mal vus par l'administration centrale, en l'espèce le ministère de l'Intérieur, et, immédiatement après, le Premier Consul et l'Empereur. Homme de caractère et de diplomatie, telle doit être la physionomie du maire de Strasbourg. Le sera-t-il ?

Jean-Frédéric Hermann

Le 1er avril 1800, Bonaparte désigne Jacques-Étienne Livio. Ce négociant, ancien directeur de la Monnaie, se retire dès le mois de décembre pour raison de santé. Son successeur est Jean-Frédéric Hermann, ancien député à la Constituante puis au conseil des Cinq-Cents. L'auteur des *Notices historiques, statistiques et littéraires sur la ville de Strasbourg* administre la ville au mieux des intérêts de ses habitants, déployant de grands efforts pour redonner à la cité éprouvée un aspect plus engageant. Les contemporains sont unanimes à souligner son honnêteté et la qualité du travail qu'il a accompli pour l'embellissement de la ville, la création de la chambre de commerce et d'une école de droit. Malheureusement pour lui, il se heurte au préfet Shée qui ne l'apprécie guère… Faut-il suivre le commissaire général de police Popp qui estime que le maire de Strasbourg n'est pas des plus enthousiastes pour le nouveau régime ? Qu'y a-t-il de vrai dans les anecdotes qui mettent l'accent sur l'animosité de Bonaparte à l'égard d'Hermann ? Toujours est-il que, prenant prétexte d'un ordre de réquisition mal ou partiellement appliqué par le maire, Shée obtient sa suspension en 1805.

Louis Wangen de Geroldseck

Son remplaçant, Louis Wangen de Geroldseck, entre en fonction en février 1806. À l'honnête homme qu'était Hermann succède un opportuniste qui n'hésite pas à profiter de ses fonctions pour édifier une fortune considérable ! Presque acculé à la ruine en 1806, il étale ensuite un train de vie luxueux. Pour y parvenir il joue des caisses secrètes de la ville, se lie avec les subordonnés du préfet, Kastner et Forest, et participe à leurs concussions. Lezay-Marnésia obtient sa démission le 8 septembre 1810.

Jacques-Frédéric Brackenhoffer

Jacques-Frédéric Brackenhoffer lui succède. Il paraît représentatif de ces générations qui ont passé le cap des temps nouveaux en venant des zones moins troublées de l'Ancien Régime. Il plonge par ses attaches familiales dans la vieille cité strasbourgeoise, celle du XVIe et du XVIIe siècle. D'une famille d'ammeisters, fils de patricien, protestant, grand propriétaire foncier, membre du grand Sénat de Strasbourg en 1789, officier municipal sous la Terreur, enfermé alors comme suspect, délivré au 9 thermidor, il s'intègre aux nouvelles institutions.
Juge au tribunal criminel du Bas-Rhin (1798), conseiller de préfecture (1800), libéral et modéré, les Strasbourgeois se reconnaissent à travers sa vie et son caractère. Il est connu, estimé, il est « de la ville », il a souffert des derniers excès. Sans les oublier, il a pardonné et s'intègre, au nom du bien public, dans les régimes successifs. Un jugement un peu sévère à la fin, au moment de la reconnaissance de Louis XVIII, de Lezay-Marnésia : « Tant que le maire (Brackenhoffer) qui est un fort brave homme, sera dominé par le secrétaire de mairie, dont il a peur, les affaires iront mal ! » .

À Sélestat, c'est un militaire du crû qui est nommé en 1799 : François-Ignace Schaal, général de division depuis 1794. Son administration semble avoir été des plus bénéfiques, puisqu'en 1808, lors du renouvellement, les Sélestadiens adressent une supplique à l'Empereur pour garder leur premier magistrat galonné. Peine perdue, élu député en 1808, il est remplacé à la mairie par Jean-Baptiste Armbruster.

François-Xavier Nebel fut le premier maire de Haguenau. Négociant avisé, enrichi par l'achat et la revente de biens nationaux ecclésiastiques, il réussit à rétablir des finances municipales désastreuses. Il fut aussi membre du conseil général de 1808 à 1820. Il fut remplacé en 1808 par François Ignace Schwendt, lui-même remplacé en 1811 par Antoine Félix Weinum, gendre de Nebel. Lezay-Marnésia le qualifia « d'excellent maire qui manie l'administration avec beaucoup de dextérité ». Il restera en fonction contre vents et marées jusqu'à sa mort en 1820, ayant même été nommé sous-préfet provisoire par les autorités occupantes.

À Colmar

Trois maires successifs à Strasbourg, deux à Colmar, Marc Antoine Richert et Gabriel Morel. Le conseil municipal siégea jusqu'en 1810 au Koïfhus, puis dans un immeuble de la rue de Turenne.

Marc Antoine Richert

Cet homme de loi avait été en 1794 agent national chargé du contrôle de la municipalité, puis commissaire du gouvernement auprès de l'administration centrale du département. Nommé maire de Colmar en avril 1800, il fut l'homme qui fit dépasser à sa ville le carcan de ses murailles, d'abord par la symbolique démolition des portes, puis par l'aménagement du Champ de Mars et du cimetière du Ladhof.
Sa longue magistrature est marquée par un affrontement à fleurets mouchetés avec son « patron », le préfet Desportes qui manifestement ne l'apprécie guère, mais le laisse pourtant en place en 1808. C'est que le maire est parfaitement au courant des multiples prévarications dont le préfet se rend coupable avec la complicité de Briche, Gross, chef du bureau militaire, et du médecin Gabriel Morel. Cependant, en 1810 Richert commence à devenir la cible de dénonciations anonymes l'accusant d'enrichissement personnel, donc frauduleux, dans l'exercice de ses fonctions. Desportes n'en profite pas, et au contraire, le soutient, rappelant au ministre les réussites du maire dans les domaines politique et économique. Il fait remarquer par ailleurs que Richert n'étale pas sa fortune qui lui est venue principalement par héritage et par spéculation sur les vins. Il lui reconnaît même du talent et « beaucoup d'esprit ». Mais, coup de pied de l'âne, Desportes lui adresse un seul reproche, mais de taille. C'est d'être d'une « négligence excessive », une attitude que détestent les ministres de tutelle et singulièrement Montalivet qui fait savoir que « si le maire persiste dans sa négligence, on lui demandera sa démission ». Mis au courant, le maire prépare sa riposte et finit par dénoncer ou faire dénoncer les méfaits du préfet : à côté de quelques menues commissions, il s'agit de sommes importantes : 71 000 francs destinés à la pépinière, 48 000 extorqués à des entrepreneurs des routes

et travaux du Rhin. Il avait en outre forcé la commune voisine de Pulversheim, où il avait des propriétés, à financer la construction d'une digue qui les mettait à l'abri des inondations. Desportes est suspendu puis révoqué le 12 mars 1813. Le triomphe de Richert fut de courte durée : il fut lui-même révoqué le mois suivant.

Gabriel Morel

Le nouveau maire de Colmar est un personnage considérable. Docteur en médecine et en chirurgie, chirurgien en chef de l'hôpital militaire de Colmar, il avait participé à la campagne d'Espagne. Il fonda à Colmar l'école d'accouchement du Haut-Rhin (1803), fut nommé professeur d'accouchement pour le département du Haut-Rhin (1807). Il s'intéressa aussi aux travaux de Jenner et présida un comité chargé de répandre la pratique de la vaccination. Nommé maire de sa ville en avril 1813, il eut à faire face aux invasions des troupes alliées. Il sera député du Haut-Rhin pendant les Cent-Jours. Suspendu de toutes ses fonctions durant la Restauration, il retrouvera la mairie en 1830.
Anecdote originale, il fut en 1794 accusé d'avoir écorché le cadavre d'un guillotiné et demandé à deux collègues du club des Jacobins, l'un tanneur, l'autre culottier, le singulier service de tanner cette peau et d'en faire une culotte. L'affaire se termina par une relaxe.

À Mulhouse

À Mulhouse, tout naturellement, on retrouve les mêmes familles qui dirigeaient la petite république indépendante. Les cinq maires qui se succèdent sont tous des industriels : Michel Hoffer (1800), Antoine Spoerlin (1809), Josué Koechlin (1812), Jean-Henri Dollfus (1814), et Jacques Koechlin (1815).
Passons en revue quelques cités alsaciennes de moindre importance. À Munster, c'est André Hartmann qui dirige la commune de 1799 à 1815. Ce grand industriel emploie 1 200 personnes dans ses usines en 1800.
À Guebwiller, le ministre confie la mairie à Jean-Baptiste Rudler issu d'une famille d'officiers seigneuriaux au service des princes-abbés de Murbach. Son frère François-Joseph fait une brillante carrière d'administrateur : il organise les quatre départements de la rive gauche du Rhin en 1798, et est successivement préfet du Finistère (1801) puis de Charente (1805) et baron d'empire. Jean-Baptiste Rudler est remplacé en 1803 par son beau-frère Jean-Baptiste Scholl qui se destinait à la vie monacale quand éclata la Révolution, et entra dans les ordres à l'âge de 69 ans. Il présida à l'expansion économique de Guebwiller.
À Huningue, c'est un notaire, Louis Xavier Blanchard, lui aussi très actif durant la Révolution, qui occupe le fauteuil de maire de 1799 à 1816. Son fils sera successivement sous-préfet de Délémont (1805) et de Remiremont (1815).
Que peut-on déduire de ces choix du gouvernement central des hommes destinés à administrer l'Alsace et recrutés sur la liste des notabilités ?

- Leur moyenne d'âge est assez élevée pour l'époque (plus de 50 ans).
- Ils ont, de ce fait, tous vécu la Révolution, les « ci-devant » dans la clandestinité ou l'exil, les autres ayant été des acteurs plus ou moins déterminants dans le cours des événements. Beaucoup d'entre eux ont acquis des biens nationaux d'origine ecclésiastique notamment, certains en ont même trafiqué et s'y sont enrichis, qu'ils aient été protestants ou catholiques.
- Tous ces acteurs de la Révolution en Alsace ont été des modérés, Feuillants rescapés et Thermidoriens ralliés, Bonaparte ayant jugé plus prudent de se passer, à gauche des révolutionnaires les plus combatifs, à droite des ultramontanistes les plus zélés.
- Ils sont tous des « nantis » faisant souvent partie des citoyens les plus imposés de leur circonscription.
- Ils sont, dans une appréciable proportion, membres des loges maçonniques.
- À côté des propriétaires, encore majoritaires, des manufacturiers, des maîtres de forge, on trouve un certain nombre de juristes ayant fait leurs premières armes au conseil souverain d'Alsace, un bon nombre de militaires, d'anciens spécialistes des finances des princes, évêques, et abbés. En revanche la profession libérale, les agriculteurs, la petite bourgeoisie et les ministres du culte y figurent à peine.

Issus d'un recrutement hétéroclite basé sur l'argent, tels étaient les hommes qui administraient l'Alsace au nom du Premier Consul puis de l'Empereur. La carrière des plus fidèles, des plus convaincus, s'arrêtera net à la Restauration ou ne reprendra qu'avec la monarchie de Juillet. Celle des plus souples et des plus opportunistes se poursuivra sans encombre.

La pacification religieuse

« Dès que j'ai eu le pouvoir, je me suis empressé de rétablir la religion. Je m'en servais comme de base et de racine. Elle était à mes yeux l'appui de la bonne morale, des vrais principes, des bonnes mœurs. Et puis, l'inquiétude de l'homme est telle, qu'il lui faut ce vague et ce merveilleux qu'elle lui présente. Il vaut mieux qu'il le prenne là que d'aller le chercher chez Cagliostro, chez Mlle Lenormand, chez toutes les diseuses de bonne aventure et les fripons. »

Napoléon à Las Cases - Sainte-Hélène

Au moment où Bonaparte prend le pouvoir, la situation religieuse de l'Alsace est préoccupante, pour ne pas dire inquiétante.
Au lendemain de la chute de Robespierre, le 21 février 1795, la Convention accorde la liberté des cultes sans en salarier aucun et laisse aux fidèles le libre usage des édifices cultuels non aliénés. Les protestants en profitent, réorganisent leurs communautés et rouvrent les temples. Pour les catholiques spoliés de leurs biens, le retour à une situation stable s'avère plus malaisé.
Si, dans le Haut-Rhin, l'église constitutionnelle a pu, malgré les événements, se maintenir, elle n'existe plus à Strasbourg, surtout depuis le départ de Brendel. Le catholicisme strasbourgeois est clandestin et sous la coupe des prêtres réfractaires. Or, la convention thermidorienne n'a pas autorisé le retour du clergé contestataire qui demeure hors la loi. Dans un souci d'apaisement, elle a autorisé les desservants des trois cultes à officier, à condition qu'ils fissent devant la municipalité de leur commune, un « acte de soumission aux lois de la République ».
Les réfractaires qui rentrent d'exil refusent, conformément aux ordres du cardinal de Rohan, de se soumettre à cette formalité que le pape n'a pas condamnée. Certains d'entre eux, acquis à la cause de la monarchie, collaborent avec l'avocat royaliste Demongé. La municipalité de Strasbourg n'est pas décidée à sévir. Le catholique Keppler, qui a succédé à Michel Mathieu, ferme les yeux sur l'activité de l'abbé Joseph Colmar qui, durant toute la Terreur, sous de multiples déguisements, avait continué son ministère, protégé par Mlle Humann, de même que sur les agissements de l'abbé Weinborn ou du procureur fiscal Zaepfel. Les catholiques célèbrent la messe à la cathédrale ; entre eux et la municipalité, une complicité de fait semble régner.

La bienveillance des autorités municipales s'exerce aussi à l'égard des sympathisants royalistes rentrés d'exil. Munis de faux passeports et de pièces d'or, ils obtiennent des certificats de résidence. La propagande contre-révolutionnaire connaît une activité nouvelle. L'avocat Demongé fournit des renseignements à Louis de Klinglin et à la baronne de Reich, installée à Offenbourg. Le prince de Condé entretient à Strasbourg plusieurs agents, dont Mandel est le plus actif. Les documents, messages, libelles, circulent entre les deux rives du Rhin grâce à la complicité des bateliers. Avec fièvre, les royalistes préparent le retour de la monarchie, l'abaissement des protestants, la punition des acquéreurs de biens nationaux.

Partout, les églises rouvrent leurs portes et les prêtres qui se tenaient cachés réapparaissent au grand jour. À Obernai, vingt-trois prêtres font leur déclaration de fidélité devant la municipalité. Dans les campagnes, les offices sont à nouveau célébrés avec solennité devant un grand concours de fidèles, autorités comprises.

À Soultz, dans le Haut-Rhin, l'abbé Hürth draine des milliers de personnes à la chapelle de la Commanderie. Du haut de la chaire, il tonne contre les Jacobins et annonce leur punition. À Guebwiller, les curés tiennent le même langage et mettent en cause les achats de biens nationaux. À Colmar, la cathédrale ayant été remise à la disposition du clergé constitutionnel, les fidèles s'abstiennent d'y paraître et organisent des réunions de prières.

Avec l'installation du Directoire et l'élection du modéré Jean-Frédéric Hermann au conseil des Cinq-Cents, le nouveau régime tente de reprendre la situation en main. La municipalité, sommée d'appliquer la loi sur les émigrés, tergiverse et protège la fuite des plus menacés. Au renouvellement du deuxième tiers des conseils, l'un des chefs des catholiques strasbourgeois, François-Ignace Metz, est élu membre des Cinq-Cents. En août 1797, la situation politique à Paris, où Pichegru qui préside les Anciens, Barbé-Marbois les Cinq-Cents, et Barthélémy au Directoire, sont favorables à la monarchie, donne de grands espoirs aux royalistes.

Le coup d'État du 18 fructidor (4 septembre) renverse la situation. Les élections sont cassées, le corps municipal épuré ; la lutte contre les prêtres réfractaires et les émigrés reprend vigueur. À la veille du 18 brumaire, les Jacobins ont repris le dessus à Strasbourg. La poursuite de la lutte contre les royalistes reste un trait dominant du nouveau régime.

L'épreuve de force entre les autorités et la population catholique reprend de plus belle. Les protestants sont moins menacés car l'exercice de leur culte est moins contraignant. Il suffit de dissimuler les pasteurs sous l'apparence d'instituteurs. Mais les biens de l'Église protestante en Alsace sont à nouveau menacés. Sous l'impulsion du député bas-rhinois André, les Cinq-Cents votent la nationalisation. Le 18 brumaire intervient providentiellement pour empêcher un vote identique des Anciens.

Pour les catholiques, le temps de la persécution est revenu. À Obernai, les gendarmes viennent arrêter le curé, son vicaire et plusieurs autres prêtres, le maire tergiverse, ce qui leur permet de se mettre à l'abri pendant que la population s'attroupe et signifie son opposition à l'arrestation.

À Thann, la situation est tellement tendue que le commissaire cantonal Fourcade, pourtant jacobin convaincu, n'ose pas renseigner les autorités. C'est son collègue de Cernay, Deville, qui écrit au ministre de l'Intérieur en dramatisant la situation à l'excès.

En septembre 1797, l'émeute éclate, le curé constitutionnel et l'instituteur sont molestés. Dans le vignoble haut-rhinois, les colonnes mobiles de Schaub manœuvrent comme face à l'ennemi avec artillerie, cavalerie, opérations d'encerclement. Des actes militaires du même type ont lieu dans le Bas-Rhin, en particulier contre le curé de Stutzheim.

Avec la complicité des bateliers, les catholiques de la région de Sélestat passent le Rhin et vont entendre la messe dans les localités de la rive droite ; on y emmène aussi les enfants pour le baptême et la communion. Les Sundgoviens continuent d'affluer au pèlerinage de Maria Stein, ce qui pousse le chargé d'affaires de la république en Suisse à avertir les autorités de Soleure qu'elles ne devraient pas « obliger le gouvernement de la République française à leur envoyer un pèlerinage d'infanterie et de cavalerie ».

Près de Sélestat, les processions à Notre-Dame-du-Chêne, simple statuette de la Vierge déposée dans une niche creusée dans le tronc d'un chêne, se multiplient. Les autorités les interdisent et font abattre l'arbre. Le lendemain, les fidèles aménagent un autre chêne et, lorsque les autorités surviennent pour enlever la statue, elles se heurtent à un millier d'hommes armés de haches.

De nombreux prêtres payent de leur vie leur détermination à poursuivre leur sacerdoce. Le curé de Neuve-Église, rentré en septembre 1795, est arrêté et exécuté en février 1796. Le vicaire de Seppois-le-Bas, l'abbé Bocheleu, partage le même sort.

1. Les catholiques et la restauration des autels

Insermentés et constitutionnels : le temps des affrontements

Conscient de la gravité de la situation religieuse, Bonaparte prend, dès son accession au pouvoir, des mesures d'apaisement. Par le décret du 28 décembre 1799, les catholiques obtiennent la liberté de culte, l'usage des édifices religieux non encore aliénés, en échange de leur « soumission aux lois de la République ». Cette mesure entraîne le retour des prêtres exilés et la libération de ceux qui avaient été déportés. Les prêtres réfractaires strasbourgeois sont tous de retour avec, à leur tête, muni des pleins pouvoirs du cardinal de Rohan, le chanoine Hirn dont la mission consiste à réorganiser le diocèse pour le compte de ancien titulaire.

Immédiatement, un climat de tension se crée. Les prêtres constitutionnels, qui n'avaient jamais été adoptés par les fidèles, mais qui bénéficiaient jusqu'à présent de l'appui des autorités, se retrouvent minoritaires, isolés et privés du soutien officiel. Laumond ne cache pas sa sympathie pour les réfractaires. Dès 1800, il cède aux pressions des fidèles et remet la cathédrale au culte catholique, provoquant de vives réactions dans le clan des républicains.

Frédéric Cotta accuse l'administration préfectorale de faire le jeu des « délégués de Rohan et de tous leurs sectateurs ». Laumond harcèle Lucien Bonaparte, son ministre de tutelle, de lettres de soutien à la cause catholique. Le clergé réfractaire obtient une liberté de mouvement presque totale. L'enlèvement de l'énorme bonnet phrygien en tôle peinte qui défigurait la flèche de la cathédrale est perçu par la population catholique de Strasbourg comme le couronnement de l'action bénéfique du premier préfet du Bas-Rhin.

Nous donnons le texte de la lettre du préfet au maire Jean-Frédéric Hermann du 17 avril 1802 : « Quant au bonnet rouge placé sur le sommet de la tour de la cathédrale, j'autorise le citoyen Daudet (receveur des domaines nationaux) à le retirer. L'intention des consuls est que cette église soit remise à l'évêque et que l'on en fasse disparaître toute inscription, intérieure ou extérieure, qui serait contraire à ses usages.

L'emblème de la liberté, si chère à tous les Français, ne peut pas être rigoureusement conservé comme une inscription. Mais, j'ai pensé que ce bonnet rouge n'avait rien de commun avec les usages d'une cathédrale, qu'il pouvait même être considéré comme contraire à cet usage. Que sa forme grossière contrastait visiblement avec la noble et élégante architecture d'un des plus beaux monuments de l'Europe et que, par conséquent, en le faisant disparaître, c'était, en même temps, observer les convenances et rendre hommage aux Arts.

Nous sommes assez avancés, citoyen maire, dans la carrière de la vraie liberté pour qu'il y ait lieu de croire que nous ne scandaliserons personne en rendant la superbe flèche de la cathédrale de Strasbourg à son ancienne beauté. Tous les amis sincères de cette liberté savent que les signes extérieurs qui la représentent sont, aux sentiments qu'elle inspire, ce que les pratiques extérieures sont à la religion et à la vertu. »

En Basse-Alsace, les prêtres réfractaires qui avaient émigré reviennent les uns après les autres, reçus à bras ouverts. Certains notables municipaux n'hésitent pas à aller les accueillir en procession avec le dais. Pour les revenants, pas question de se livrer à une quelconque déclaration d'adhésion à la Constitution, bien au contraire. Ils crient haro sur les quelques prêtres constitutionnels demeurés en place.

Celui de Sélestat, Colnet, est menacé et craint pour sa vie ; celui de Haguenau où le maire Nebel parle de « chasser le curé constitutionnel » et va jusqu'à lui offrir 50 louis d'or pour qu'il aille exercer ailleurs. Les réfractaires sillonnent le département, déployant une intense activité nocturne : nouvelle bénédiction des églises « souillées par les renégats » (Schirmeck, La Broque) et l'on rebaptise, remarie, reconfesse, car tous les sacrements délivrés par les « jureurs » sont considérés comme nuls et non avenus.

Ils n'hésitent pas, par ailleurs, à prêcher contre les acquéreurs de biens nationaux, contre Bonaparte lui-même « scélérat et usurpateur », à exiger la dîme au nom du cardinal de Rohan et le paiement de neuf ans d'arriérés de rentes. Dans la pénombre du confessionnal, ils font pression sur les épouses, afin qu'elles amènent leur mari à résipiscence, leur défendant « de lui rendre leurs devoirs conjugaux » tant qu'ils se refuseront de la payer.

Face à ces débordements, les autorités réagissent très mollement à l'image de leur préfet, Laumond, qui ne cache pas sa préférence pour les réfractaires.
Il en va de même en Haute-Alsace où le préfet Harmand est pour le moins indulgent aux menées des réfractaires qui bravent ouvertement la loi en assortissant leur déclaration de fidélité à la Constitution de deux réticences majeures : ils s'opposent au caractère irrévocable de l'aliénation des biens nationaux et du bannissement des émigrés.
À la fin de l'année 1800, plusieurs centaines de prêtres sont rentrés sur le territoire du Haut-Rhin ; la plus grande partie inscrite sur la liste des émigrés a obtenu des certificats de résidence de complaisance. Là encore, le préfet ne trouve rien à redire. Ils règnent en maîtres à la collégiale de Colmar, s'implantent dans toutes les communes, grandes ou petites. À Thann, c'est l'effervescence : 14 réfractaires sont revenus et disent la messe dans l'ancienne chapelle des Cordeliers et même, à Saint-Thiébaut, deux clans ennemis se sont constitués parmi les réfractaires. Voisard, le curé constitutionnel et secrétaire de mairie apprend que, dans sa propre église, la collégiale Saint-Thiébaut, le réfractaire Ignace Moeges a prononcé en chaire « un sermon incendiaire et fanatique dans lequel il damne et excommunie tous ceux qui suivent le culte des prêtres selon lui hérétiques ».
Les réfractaires créent des incidents dans tout le département (Ammerschwihr, Altkirch, Aspach-le-Bas, Bergheim, Siegolsheim, Oltingue, etc.). Le nouveau préfet, Noël, qui remplace Harmand, pourtant destitué pour son manque de fermeté, n'est pas plus combatif que son prédécesseur. Il en va de même des sous-préfets, Sommervogel, celui d'Altkirch, niant même la réalité des incidents. Il n'en fallait pas plus pour renforcer la détermination des prêtres réfractaires : désormais on en vient aux mains comme à Wuenheim où le prêtre constitutionnel est frappé et injurié.

Jean-Pierre Saurine, évêque de Strasbourg : le « Robespierre des insermentés »

La nomination du nouvel évêque de Strasbourg, consécutive à la promulgation du Concordat, est loin de ramener le calme. Ancien évêque constitutionnel des Landes, Jean-Pierre Saurine arrive à Strasbourg précédé d'une réputation de révolutionnaire convaincu : membre de la Convention, sympathisant de la fraction girondine, il a voté l'arrestation de Marat. La chute des Girondins l'amène à quitter la Convention. Sous le Directoire, il est membre des Cinq-Cents et, dès le 18 brumaire, adhère à la politique religieuse de Bonaparte.
Avec un tel passé, la nomination du « Robespierre des insermentés » dans un des diocèses les plus catholiques, dans une ville des plus réfractaires, apparaît comme une provocation. Pour le légat pontifical Caprara, l'évêque imposé par le hasard, le caprice ou le calcul du Premier Consul, demeure suspect : il a refusé de signer la rétractation que l'autorité pontificale attendait de lui, ainsi que le décret d'absolution qui en dépendait, n'entendant pas renier son passé révolutionnaire. Par ailleurs, un important dossier en possession du légat accuse Saurine d'avoir tenu, à la tribune des Jacobins de Paris, des propos méprisants pour la religion.
C'est cependant muni de l'investiture canonique que le nouvel évêque prend possession de son vaste diocèse le 14 juin 1802. Bien accueilli par le préfet, reçu avec sympathie par la haute bourgeoisie protestante, en particulier le maire Hermann (qui avait siégé avec lui aux Cinq-Cents) et Oberlin, Saurine savait, le maire l'en ayant prévenu, qu'il allait se heurter à l'hostilité des catholiques fidèles au clergé réfractaire. Son installation qui s'opère sans incidents lui donne l'espoir que la réconciliation qu'il prône est en bonne voie. En fait, l'attitude des curés s'explique par les consignes de soumission à l'évêque que l'abbé Colmar, leur chef spirituel, leur a données.
Le futur évêque de Mayence voulait-il donner des gages au régime ou estimait-il que Saurine, déjà âgé de 69 ans, manquerait de combativité et qu'il était inutile de se dresser contre lui ? Toujours est-il que la trêve observée par les catholiques est de courte durée ; dès les premières nominations de curés, ils constatent que l'évêque favorise les prêtres jureurs et s'opposent à lui. Saurine prend conscience de la situation critique dans laquelle il se trouve. Évêque d'un diocèse dont le précédent titulaire continue à régner sur la partie allemande, ne connaissant ni l'allemand, ni le dialecte, fort peu prisé à Rome qui le considère, à juste titre d'ailleurs, comme le meneur du clan des prélats gallicans, il ne peut compter que sur l'appui de Portalis, le ministre des cultes et de l'administration préfectorale. Encore faut-il

préciser que, mis à part Laumond qui ne lui marchande pas son soutien, les autres préfets, surtout ceux du Haut-Rhin, sur lequel s'étend également son diocèse, lui sont hostiles, et que Portalis, soucieux d'apaisement, n'apporte pas toujours à Saurine tout l'appui qu'il serait en droit d'attendre. Cependant, ce vieillard, dont il avait sous-estimé l'énergie, va se battre, souvent seul, pour la consolidation de l'Église concordataire d'Alsace, pour le triomphe des thèses gallicanes contre les tendances ultramontaines qui y prédominent. Durant les deux premières années de son épiscopat, les incidents sont presque quotidiens et les révoltes ouvertes de prêtres insermentés se succèdent. Refusant de transiger avec ses principes, Saurine rend coup par coup et ne laisse pas entamer son autorité.

C'est surtout de Haute-Alsace que viendra l'opposition la plus organisée. En effet, en 1801, le département du Bas-Rhin ne compte qu'une petite douzaine de prêtres constitutionnels, ce qui laisse toute latitude aux anciens réfractaires. Le Haut-Rhin, en revanche, en compte environ cent cinquante, chiffre largement suffisant pour générer d'âpres conflits avec les « bons prêtres ».
Le canton de Landser se trouve être l'épicentre de la révolte contre le nouvel évêque, ses curés lançant dès les premières nominations des protestations contre le choix exclusif de prêtres constitutionnels. Courageux, voire téméraire, Saurine décide de prendre le problème haut-rhinois à bras le corps et se rend à Colmar le 28 juin 1802. Il va dire la messe chez le réfractaire Reech puis chez le constitutionnel Graff. Ce qui indispose le premier, obligé de lire, du haut de la chaire, le discours d'installation de l'évêque dont il abrège d'ailleurs la lecture. Il constate de multiples conflits à Éguisheim, à Rixheim et dans la vallée de Masevaux. Il fait l'objet d'attaques personnelles. On lui reproche sa cordialité à l'égard des protestants, on lui fait grief de son amitié pour l'ancien directeur Reubell et pour Rapinat, symboles du jacobinisme athée aux yeux des « bons prêtres ». De retour à Strasbourg, il arrête les mutations pour ne pas aggraver la situation, mais rédige et fait circuler une « Instruction aux curés, vicaires... » dans laquelle il fait l'éloge du gallicanisme en faisant remarquer à ses curés dissidents, nostalgiques de l'ancien régime, que c'est Louis XIV lui-même, avec l'assemblée des évêques du royaume qui en avait défini les principes dans la « Déclaration des quatre articles » de 1682.
Ce document déclenche une véritable levée de boucliers contre l'évêque qui se voit opposer une anonyme « réponse à M. Saurine, évêque de Strasbourg », contenant une réfutation complète de ses thèses et des attaques en règle contre son passé révolutionnaire. Les chefs de la révolte, Weisrock (Landser), Bernardin (Blatzheim), Besançon (Giromagny), sollicitent l'aide du légat pontifical à Paris, Mgr Caprara, qui dresse un réquisitoire contre l'évêque de Strasbourg en soulignant à quel point il était mal entouré par les deux curés de Strasbourg, Schecker le dénonciateur de prêtres réfractaires et Thomas l'ivrogne. Il lui reproche aussi son mépris pour l'autorité du pape.
Saurine ne peut compter sur l'appui du préfet Noël qui le déteste, des sous-préfets qui n'hésitent pas à appeler officiellement à la désobéissance aux nouvelles dispositions de l'évêché, des maires, très majoritairement hostiles et complices des réfractaires, des instituteurs « agents les plus dangereux du fanatisme avec les maires, dont ils s'emparent souvent ».
Dans le Bas-Rhin aussi, des incidents éclatent à Dambach, à Boersch, à Haguenau et à Strasbourg.

Vers l'apaisement

La situation personnelle de l'évêque de Strasbourg s'améliore nettement après qu'il a été reçu en audience par le pape en décembre 1804, cette entrevue consacrant le retour de Saurine dans le giron de l'Église. Cependant, ainsi que l'a démontré F. L'Huillier, il se refuse à signer la rétractation de sa conduite comme évêque jureur et, ceci, malgré les pressions exercées par Portalis lui-même. Pie VII doit se contenter d'une protestation de dévouement à sa personne et accorde à l'évêque le baiser de paix. Désormais, si toutes les difficultés ne sont pas aplanies, le diocèse d'Alsace s'achemine vers la pacification religieuse, à l'image de Strasbourg où l'autorité de Saurine ne sera plus guère contestée.
Contre vents et marées et souvent dépourvu de l'appui de ceux-là mêmes pour qui il se battait, « l'évêque girondin », « le vieillard inoffensif » a réussi à faire plier l'Église réfractaire et ultramontaine d'Alsace. Il poursuit son ministère jusqu'à sa mort en 1813, en dépit de l'hostilité des préfets Shée et Lezay-Marnésia qui lui reprochent, à juste titre d'ailleurs, de tolérer dans son entourage immédiat des collaborateurs cupides et corrompus, tels Maimbourg, le secrétaire général, et Labeyri, son secrétaire particulier.

2. Les protestants et les articles organiques

Le climat passionné qui agite les catholiques strasbourgeois contraste avec la sérénité qui règne chez leurs concitoyens protestants. Dès son arrivée au pouvoir, Bonaparte est décidé à accorder aux protestants de France l'égalité avec les catholiques et une organisation similaire. Une fois encore, Koch va se faire l'interprète des protestants strasbourgeois en effectuant une synthèse de plusieurs dizaines de projets d'organisation de leur culte. Le texte mis au point par l'éminent juriste, sous forme de projet de loi, prévoit que la paroisse est la cellule constitutive de l'Église et que, dans son cadre, tous les fidèles ont le droit de vote pour désigner le pasteur et le conseil presbytéral. Ce projet n'a pas l'heur de plaire aux protestants de l'Alsace du Nord qui le jugent trop démocratique.

En effet, l'inspecteur du pays de Hanau, Schmidt, informe Portalis, le ministre du culte, de la réticence des pasteurs de son secteur devant un régime électoral trop démocratique qui le mettrait à la merci de leurs paroissiens.

Les Colmariens, représentés aux conciliabules de Strasbourg par Pfeffel, par Sandherr et par André, sont en plein accord avec les principes énoncés par Koch, mais souhaitent conserver une certaine autonomie dans le concert des Églises luthériennes. Bonaparte, Portalis et le Conseil d'État sont de l'avis des protestants d'Alsace du Nord.

La loi du 18 germinal an X apporte de sensibles modifications au projet Koch : la cellule constitutive ne sera pas la paroisse, mais la circonscription consistoriale groupant 6 000 fidèles. Les conseils presbytéraux ne seront pas élus par l'ensemble des fidèles, mais choisis parmi les citoyens les plus imposés, les pasteurs étant nommés par le gouvernement. Un consistoire général siégeant à Strasbourg coiffe l'ensemble des circonscriptions consistoriales et délègue ses pouvoirs à un directoire de cinq membres dont trois, le président, l'inspecteur ecclésiastique et l'un des laïcs sont nommés par le gouvernement.

Par ailleurs, pour éviter que le protestantisme strasbourgeois n'occupe une position dominante, Portalis s'oppose au vœu des luthériens de la ville d'être réunis en une seule inspection. Le Temple-Neuf, Saint-Thomas et Saint-Nicolas sont intégrés dans des inspections englobant des paroisses rurales. Sous l'autorité spirituelle de Blessig, le luthéranisme strasbourgeois entre dans le système de l'Église d'État. L'université protestante se transforme en séminaire pour l'instruction des ministres de la confession d'Augsbourg, séminaire qui sera intégré comme faculté de théologie protestante à l'université impériale. De leur côté, les réformés sont regroupés au sein d'une église consistoriale selon le même principe que l'organisation luthérienne. Le XIXe siècle vivra sur ces bases.

3. Les juifs d'Alsace : organisation du culte et mesures discriminatoires

Devenus citoyens à part entière par le décret d'émancipation du 27 septembre 1791, les juifs demeurent plus que jamais les mal-aimés de l'Alsace. Dès 1792, ils sont nombreux à regretter la protection que leur octroyait l'administration royale.

La proclamation de l'état de siège à Strasbourg le 3 août 1793 signifiait l'introduction de la Terreur en Alsace. Elle marquait ainsi la recrudescence de la persécution religieuse où des personnalités protestantes comme Blessig ou Lobstein viennent rejoindre à la prison du Grand Séminaire les curés réfractaires. Quant aux juifs, leur situation est des plus précaires. Car ils ont perdu la sympathie des quelques rares philosémites qui avaient œuvré pour leur émancipation. Leur déception a été grande de constater que les juifs ne répondaient pas aux espérances. Ils n'ont abandonné aucune de leurs habitudes économiques, ni le commerce, ni l'usure !

Bien au contraire, ils ont profité de l'émancipation pour mieux asseoir leurs affaires, mais n'ont pas abandonné leurs « superstitions » et refusent de se fondre dans la masse. On s'aperçoit que si l'amalgame entre juifs et chrétiens est très difficile du fait de l'antisémitisme de l'Alsacien, il est rendu presque impossible par les juifs eux-mêmes qui considèrent le mariage mixte comme la pire des catastrophes. Même Euloge Schneider, qui s'efforce d'envisager le problème des juifs d'Alsace avec équité, constate, découragé : « Ils n'apprirent pas le travail manuel, ne s'achetèrent pas de champs et en cultivèrent encore moins... Peu s'inscrivirent comme volontaires, peu portèrent l'uniforme. »

Ainsi, les adversaires déclarés des juifs, suivis par l'immense majorité de la population, peuvent donner libre cours à leurs griefs. Ils craignent leur progression démographique à Strasbourg où ils passent d'une centaine d'individus à près de mille trois cents en quelques années. Ils trouvent inadmissible qu'ils puissent avoir accès aux charges politiques et participer à l'élection des évêques et des curés.
Ils leur reprochent un accroissement considérable de l'usure, l'accaparement et la spéculation sur les biens nationaux. Ils leur font grief de ne pas participer à l'effort de la nation, de chercher à éviter la conscription. Ils sont indignés du train de vie luxueux que mène un Baruch-Cerf Beer « entrepreneur des équipages d'artillerie » qui roule carrosse et s'entoure de « circoncis de la première réquisition » qui échappent ainsi au service actif. Enfin, alors que la raison triomphe, ils restent attachés à leurs « usages barbares », à « leur loi inhumaine d'opérer sanguinairement sur l'enfant mâle qui naît. Ils portent la barbe longue par ostentation, pour singer les patriarches. »

Les vexations ne tardent pas. En juillet 1793, ils sont chassés à coups de bâton de la place d'armes par la police. En décembre, le club des Jacobins envisage de forcer les juifs à épouser des chrétiennes. En février 1794, les synagogues sont fermées, les rabbins contraints à renoncer publiquement à leur état, les livres brûlés, la circoncision et l'abattage rituel interdits. Les membres de l'opulente famille Cerf Beer, soumis à d'importantes contributions « volontaires », connaissent les désagréments de la prison.

À Colmar, au club des Jacobins, on demande le bannissement des juifs : « Qu'ils aillent agioter chez l'étranger ! ». Partout, ils sont soupçonnés d'espionnage et de trahison : « Les juifs nous ont trahis dans les plus petites villes et dans les villages du côté de Wissembourg » s'écrie Baudot. À Obernai, le Directoire est requis de « faire mettre en arrestation les rabbins, chantres, maîtres d'écoles et tous les individus attachés au culte de Moïse » (quarante-six arrestations).

Les juifs d'Alsace, citoyens théoriques, sortent de la Révolution meurtris physiquement et matériellement. Physiquement, les violences se calment avec la fin de la Terreur. Matériellement, ceux qui avaient prêté de l'argent aux Alsaciens en espèces sonnantes et trébuchantes sont remboursés en assignats qui ne valent plus rien. Les dépôts de bilans se succèdent.

Napoléon et la « question juive »

Du fait de ses origines familiale et géographique et de son cursus militaire, Bonaparte était peu au fait du judaïsme. Il ne nourrissait cependant contre cette religion aucun ressentiment, ni même aucune méfiance avant que, devenu le maître de la France, il se mette à compulser les rapports des préfets et les récriminations de conseils généraux d'Alsace contre eux. Il estime peu ce que les chrétiens appellent l'Ancien Testament et les juifs la Thora. Au collège de Brienne, il a subi l'influence d'un enseignement religieux centré sur l'Évangile et il en conserve la marque, quoiqu'il soit en définitive totalement agnostique : « Ce n'est pas que je sois indifférent à toute religion, c'est que je respecte la volonté du peuple et des consciences. Nous ne savons ni d'où nous venons, ni où nous allons. Il faut respecter l'opinion que chacun se fait et embrasse » (Napoléon à Roederer).

Dans ses quelques rares confrontations avec les juifs, il a fait preuve de beaucoup de bienveillance, même si on peut considérer qu'elle était dictée par son intérêt immédiat. Ainsi, au cours de la première campagne d'Italie, une de ses décisions essentielles fut d'affranchir les juifs des états pontificaux, singulièrement ceux du ghetto d'Ancône.
Au cours de la campagne d'Égypte, il lance une proclamation aux juifs d'Orient qui ne manqua pas d'inquiéter les autorités musulmanes. Il glorifie « cette

nation unique que, pendant des millions d'années, la tyrannie avait dépouillée de ses terres ancestrales, mais non de son existence, ni de son nom ». Il les invite à revendiquer « la restauration de vos droits civiques parmi les populations de l'univers et le droit d'adorer Dieu selon votre foi, publiquement et toujours » et à « se rallier sous ses drapeaux pour restaurer l'antique Jérusalem ».

Il avait en effet, peu avant le siège de Saint-Jean-d'Acre, recruté un contingent juif dans l'idée, en cas de succès, de recréer un état juif autour du temple de Jérusalem reconstruit. Très alarmé, le sultan de Constantinople, commandeur des croyants, fait lire dans les mosquées le texte suivant : « Le général des Francs a invité tous les juifs d'Asie et d'Afrique à se rallier à lui pour rétablir le royaume de Juda. Il en a armé une multitude et leurs bataillons menacent Alep. »

En fait, pour Bonaparte, les considérations spirituelles n'entrent pas en ligne de compte. Opportuniste et pragmatique, il fait des religions un tremplin pour asseoir son pouvoir. C'est ainsi qu'il déclare à Marbois au cours d'une séance au conseil d'État en août 1800 : « C'est en me faisant catholique que j'ai fini la guerre de Vendée. En me faisant musulman que je me suis établi en Égypte. En me faisant ultramontain que j'ai gagné les esprits en Italie. Si je gouvernais un peuple de juifs, je rétablirais le temple de Salomon. »

La prise de conscience d'un problème

En 1802, on estime la population juive en France à quarante mille individus, dont vingt-cinq mille en Alsace. Que ce soit dans le Midi ou à Bordeaux, les relations des communautés juives avec les chrétiens ne posent guère de problèmes et l'accusation d'usure est rarement proférée.

Venus d'Alsace, les rapports des préfets font état de nombreux incidents opposant la population aux juifs et même opposant les juifs entre eux. En effet, depuis la Révolution, la communauté juive qui, sous la monarchie, était dûment encadrée par des rabbins nommés par le roi ou les grands seigneurs comme l'évêque de Strasbourg et maintenaient l'ordre en référant au conseil souverain en cas de contestation grave, est laissée à elle-même. Des rabbins se querellent pour des questions de préséance et leurs ouailles, épousant leur cause, se dressent les unes contre les autres. En l'absence de toute législation, donc de toute jurisprudence, les tribunaux ne peuvent statuer. Ici, on interdit à une femme l'usage des bains rituels parce qu'on est en procès avec son mari. À Wintzenheim, on en vient aux mains pour une question d'attribution des « honneurs » rituels.

Bonaparte est conscient qu'une bonne réglementation de la religion juive s'impose. Mais d'autres rapports émanant des préfets, des conseils généraux du sénateur Kellermann lui donnent à réfléchir. La lettre de Kellermann fait impression sur Bonaparte. Elle apporte des précisions sur l'ampleur de l'usure pratiquée par les juifs dont certains exigeraient jusqu'à 72 % d'intérêts.

Au retour d'Austerlitz, l'Empereur passe par Strasbourg où il est assailli par les récriminations des deux conseils généraux. Déjà en 1800, le conseil général du Bas-Rhin avait tenté d'analyser la situation avec objectivité en rappelant que, pendant la guerre, les juifs d'Alsace ont « fait valoir leur industrie à la suite des armées et pour leur approvisionnement » et qui, subitement, se sont repliées sur l'unique expédient du prêt et de l'achat des biens pour les dépecer et les revendre « jusque par quart d'arpent », du trafic des bestiaux et du colportage. Déjà montent les murmures. Il faut protéger le faible sans rejeter unilatéralement sur les juifs ce qui provient du « concours de plusieurs actions ». Que la nation juive renonce au colportage et adopte les « arts mécaniques », alors on éliminera un « fléau social » qui risque de provoquer de « fortes haines ».

De son côté, le conseiller de préfecture Brackenhoffer décrit les ravages exercés par l'usure : « Ce monstre, écrit-il, exerce ses ravages tant dans la classe mercantile que dans la classe agricole... Les faillites se succèdent assez rapidement. Le cultivateur qui a beaucoup de paiements à faire, par ce que, dans le cours de la Révolution, il a fait beaucoup d'acquisition ou qu'il est poursuivi par le percepteur des contributions ne trouve de l'argent que chez le juif. Celui-ci ne se contente pas seulement d'extorquer un intérêt énorme, mais il a encore recours, souvent à des artifices perfides pour augmenter son capital. Il fait signer à l'ignorant cultivateur des lettres de change ; il le menace de la contrainte par corps : le cultivateur effrayé s'en rachète en signant un nouveau titre obligatoire pour lequel il ne touche rien. C'est ainsi que par le trafic de l'argent déclaré marchandise, les terres des cultivateurs autrefois les plus aisés sont hypothéquées à d'avides usuriers qui finiront par les exproprier. »

Les protestations et les plaintes affluent de partout : Lauterbourg, Westhoffen, Barr. Des menaces sont proférées : plusieurs juifs du Sundgau vont se réfugier à Bâle. À Osthouse et à Uttenheim, deux juifs sont assassinés, probablement par un de leurs débiteurs. En Haute-Alsace, la gendarmerie d'Altkirch intervient sur des menaces de mort proférées contre des juifs.

L'étude minutieuse menée par Fernand L'Huillier sur le secteur limité au nord par une ligne Ingwiller-Haguenau, au sud par une ligne Romanswiller-Strasbourg, ne laisse aucun doute sur l'ampleur du phénomène. L'usure est en pleine progression, du fait même de la très forte poussée démographique juive en Alsace. En Basse-Alsace, elle comptait douze mille individus en 1784. Ils sont seize mille en 1806 soit un tiers de plus. Une population au mode de vie étroitement spécialisé qui n'a pas encore eu l'opportunité de s'adonner à d'autres activités plus gratifiantes. Par ailleurs, les pratiques usuraires se propagent de plus en plus dans les milieux chrétiens. C'est ce que souligne F. L'Huillier dans sa conclusion sur ce problème : « Tenant compte des doubles emplois, un auteur averti ramène un peu plus tard le montant des inscriptions du Bas-Rhin à 9 millions de francs auxquels il ajoute 6 millions pour les intérêts accumulés jusqu'en 1807. Selon lui, les créances dues en vertu de billets sous seing privé et en vertu de lettres de change doivent être évaluées au moins à la même somme. En contrepartie, le revenu net de toutes les terres du département atteindrait à peine 8 millions. Nous croyons excessive cette évaluation. Mais, même après diminution de moitié, ce en quoi nous péchons très probablement par excès de prudence, il s'agirait d'une dette impossible à rembourser *a priori*.

Il serait d'ailleurs injuste de ne condamner pour usure que les juifs. Certains contemporains font un effort méritoire d'impartialité. Des limites septentrionales de l'Alsace, un membre du corps législatif écrit à Regnault de Saint-Jean-d'Angély qu'il a vu comment peu à peu et surtout depuis 1802 ou 1803, le goût de l'usure et les pratiques usuraires se transplantaient dans les familles chrétiennes qui ont même organisé leurs bandes avec des juifs comme sous-employés. Des limites méridionales, un particulier de Porrentruy affirmera bientôt : nous avons une espèce des juifs, mais chrétiens et non moins criminels. »

L'octroi d'un cadre légal

En 1806, l'Empereur décide de donner un cadre légal et officiel à la pratique religieuse des juifs et convoque à Paris une « assemblée d'individus pratiquant la religion juive et habitant le territoire français ». Le préfet Shée désigne huit juifs strasbourgeois parmi les quinze qui représenteront le département : le rabbin David Sintzheim et sept commerçants d'une certaine envergure. La compétition avait été vive et, de tous côtés, du rabbin de Strasbourg à Kellermann, on était intervenu auprès du préfet pour recommander tel notable plutôt que tel autre.

L'assemblée eut à répondre à douze questions portant sur le droit privé, l'exercice du culte et les relations entre les juifs et l'État. L'assemblée du judaïsme français comportait une majorité de négociants, banquiers et industriels soucieux de ne pas indisposer l'Empereur par des positions trop tranchées, alors que les rabbins, nettement minoritaires, sont soucieux de préserver l'intégrité de leur pratique religieuse.

Aussi n'est-il pas surprenant que les réponses données au questionnaire officiel aillent toutes dans le sens espéré par l'Empereur. Seul le problème des mariages mixtes suscite une âpre controverse, les rabbins y étant opposés. La possibilité de ces mariages fut admise pour ne pas heurter de front les autorités politiques. Une assemblée religieuse, le Sanhédrin, fut convoquée pour entériner les décisions prises.

Le 17 mars 1808, en même temps que paraissent des décrets réglementant leurs activités professionnelles et interdisant toute nouvelle installation de juifs étrangers, le culte israélite était organisé. À Strasbourg, un consistoire s'installe avec, à sa tête, un grand rabbin (David Sintzheim) qui a autorité sur les juifs du département.

Les mesures d'exception : le sursis de 1806 et la réforme de 1808

Nous sommes cependant loin de l'apaisement. À Paris, Napoléon est soumis au feu roulant des récriminations des conseils généraux des deux départements d'Alsace qui demandent des mesures antijuives, soutenus par les préfets. Les bulletins de police qui parviennent à Paris insistent sur la qualité de juif chaque fois que l'un d'entre eux se trouve mêlé à une affaire de contrebande, d'escroquerie ou d'espionnage.

L'Empereur est prodigieusement agacé par les problèmes posés en Alsace par les juifs : « Je dois la même protection à tous les Français et je ne puis regarder comme des Français ces juifs qui sucent le sang des véritables Français. Le moyen à employer est, je le sais, très difficile. Les légistes m'opposent le respect des engagements souscrits librement, quelles que soient les conséquences que ces engagements entraînent. Mais moi, je ne vois que le résultat pratique et, si je ne fais rien, ce résultat ici serait la spoliation d'une multitude de familles par des usuriers rapaces et sans pitié. Le peuple juif, dont l'existence est si singulière, présente de grands problèmes à résoudre. Jusqu'à quel point les gouvernements éclairés et chrétiens pourraient-ils le relever quelque peu de son abaissement ? Puisque vous avez des recherches sur eux, vous devez savoir que le mal vient surtout de cette compilation indigeste appelée le Talmud et où se trouve, à côté de leurs véritables traditions bibliques, la morale la plus corrompue dès qu'il s'agit de leurs rapports avec les chrétiens. »

Il met aussi l'accent sur l'enseignement dispensé dans les écoles juives : « Pourquoi le gouvernement, qui surveille l'enseignement public, laisse-t-il en dehors de cette surveillance les écoles des juifs ? Ne pourrait-on pas soumettre leurs rabbins à des examens, s'assurer qu'ils n'enseignent pas une morale que toutes les religions réprouvent et qui entretient leurs coreligionnaires dans la haine des chrétiens, en un mot épurer les rabbins dont on ferait, pour ainsi dire, un corps et une hiérarchie ? Je ne prétends pas dérober à la malédiction dont elle est frappée cette race qui semble avoir été seule exceptée de la rédemption, mais je voudrais la mettre hors d'état de propager le mal qui ravage l'Alsace et qu'un juif n'eût plus deux morales différentes, l'une dans ses rapports avec ses frères, l'autre dans ses rapports avec les chrétiens. »

Concernant les accusations d'espionnage, il estime qu'« il serait dangereux de laisser tomber les clefs de la France, Strasbourg et l'Alsace, entre les mains d'une population d'espions qui ne sont point attachés au pays. Les juifs d'autrefois ne pouvaient pas même coucher à Strasbourg. Il conviendrait peut-être de statuer aujourd'hui qu'il ne pourra pas y avoir plus de cinquante mille juifs dans le Haut- et le Bas-Rhin ; l'excédent de cette population se répandrait à son gré dans le reste de la France. »

Car, malgré ces outrances verbales, Napoléon refuse net les mesures d'expulsion proposées par certains : « On ne peut rien me proposer de pis que de chasser un grand nombre d'individus qui sont hommes comme les autres ».

À Strasbourg, la situation est très tendue. L'afflux des juifs dans une cité où ils n'étaient pas les bienvenus pose de graves problèmes de cohabitation. Au nombre de 1 286 en 1808, ils sont près de 1 500 à la fin de l'Empire, contre 100 en 1789. Rares sont ceux qui trouvent grâce aux yeux des Strasbourgeois. À côté d'un Israël Rehms, négociant très fortuné qui jouit de l'estime des milieux d'affaires, d'un Samuel Droller à qui l'on fait suffisamment confiance pour le charger de la surveillance de ses coreligionnaires, les autres sont considérés comme des usuriers. Certains d'entre eux ont été dénoncés comme tels par un des membres les plus éminents de l'Assemblée des notables juifs à Paris en 1806, Abraham Furtado. La masse des colporteurs et des brocanteurs est accusée de servir d'intermédiaires entre le paysan ou le bourgeois et le grand usurier. Par ailleurs, ils dirigent près de la moitié des bureaux de prêt sur gages à Strasbourg.

Devant les rapports alarmants qui lui parviennent, Napoléon décide en 1806 l'instauration d'un sursis d'un an pour le paiement des dettes dues aux juifs. Deux ans plus tard, il promulgue le décret restrictif à la suite de nombreuses conversations avec ses conseillers. À l'un d'eux, Pelet de la Lozère, qui suggérait d'interdire tout commerce aux juifs, l'Empereur répondit : « Il faut se défendre de reprocher aux juifs ce qui n'est que le fait d'une minorité d'entre eux. Même dans mes départements de l'Est, on en trouve un très grand nombre d'honnêtes et d'industrieux. La vérité est que trop de juifs étrangers y ont fait irruption depuis quelques années... »

Le décret stipule que les prêts consentis par les juifs aux mineurs sans autorisation des parents ou tuteurs,

aux femmes mariées sans celle de leur époux, aux domestiques, aux militaires, contre l'avis des patrons et des chefs de corps, seront tenus pour nuls. Vêtements et outils de travail ne pourront plus servir de gages. L'Alsace est interdite à toute immigration de juifs étrangers.
L'article 7 de ce que les juifs de France appelleront « le décret infâme » stipule que « nul juif ne pourra se livrer à aucun commerce, négoce ou trafic quelconque sans avoir reçu, à cet effet, une patente du préfet du département qui ne sera accordée que sur un certificat du conseil municipal, constatant que ledit juif ne s'est livré ni à l'usure, ni à un trafic illicite ».

C'était mettre les juifs à la merci des conseils municipaux. En Alsace, tout particulièrement, on pouvait s'attendre à ce qu'une écrasante majorité de communes profite de l'aubaine pour rendre inoffensifs leurs juifs dont ils se plaignent tant. Pierre Katz s'est penché sur les dossiers de consultation des conseils municipaux pour la délivrance des patentes et les a étudiés. Il relève que, bien entendu, nombre de communes rejettent en bloc souvent, sans même les examiner, les demandes qui leur sont soumises (Dauendorf, Scherwiller, Muttersholtz). Le préfet revient à la charge en demandant un examen individuel et non collectif des demandes. De nombreux conseils municipaux passent outre, mais obtempèrent et les résultats sont parfois surprenants.

Ainsi, à Muttersholtz, le conseil municipal a refusé en 1808 en bloc les vingt-sept demandes « persuadant que leur conduite morale et leur commerce n'est astreint qu'à l'usure et au trafic illicite ». En 1809, en délibérant sur chaque cas individuel, il émet un avis favorable à toutes les vingt-sept demandes en précisant chaque fois « qu'il ne nous est point connu que l'intéressé a exercé quelque usure ou trafic illicite dans le temps ». Il en est de même à Dauendorf ou, après la déclaration péremptoire citée plus haut, le conseil déclare en 1809 : « Aucun des juifs ci-dessus ne s'est livré à l'usure, mais s'en est tenu à son commerce ».
De tels revirements sont fréquents dans plusieurs autres communes. On trouve même des cas où un conseil municipal revient de lui-même en 1809 sur un refus formulé en 1808. C'est notamment le cas à Itterswiller où le conseil revient sur cinq refus en « considérant que les mêmes juifs ont tenu depuis une conduite irréprochable ne s'étant plus livrés à l'usure et ayant à raison de l'exercice de leur métier mérité l'estime et la confiance de leurs concitoyens » (Pierre Katz).

Cependant, dans la moitié des villages du Bas-Rhin, les conseils municipaux ont donné des avis favorables à la quasi-totalité des demandes et n'ont opposé de refus que dans des cas particuliers. Ainsi, à Oberlauterbach, le conseil municipal donne un avis favorable à toutes les demandes « considérant que des preuves convaincantes de l'usure qui devaient être faites par les juifs domiciliés en cettedite commune ne peuvent être légalement constatées contre eux ».
À Rothbach, « il n'est pas constaté que les individus susmentionnés se sont livrés ni à l'usure, ni à un trafic illicite, qu'au contraire, ils ont montré dans l'exercice de leur métier une conduite juste et irréprochable ». À Surbourg, le conseil municipal estime que le boucher David Klein « a toujours exercé la profession avec beaucoup de probité et s'est comporté généralement à toutes occasions en honnête homme » (Pierre Katz).
Pierre Katz souligne aussi que « souvent les maires et les conseils municipaux éprouvent le besoin de justifier leur avis favorable par des considérations humanitaires. On a, en quelque sorte, l'impression qu'ils éprouvent des scrupules à déclarer que des juifs ne se sont pas livrés à l'usure. C'est le cas par exemple à Harskirchen où le maire, dans sa lettre au préfet, écrit que « considérant que les quatre individus y portés sont trop pauvres pour avoir pu se livrer à l'usure, considérant eu égard à leur conduite que s'ils ne pouvaient continuer leur peu de commerce, ils se verraient exposés à mourir de faim et réduits à la dernière indigence, l'humanité exige de leur délivrer pour un an au moins ».

Le décret précise que ces mesures sont applicables pour une période de dix ans et les communautés juives de France vont tout faire pour en limiter les effets. Dès le 18 mars, les départements de la Gironde, des Landes, du Gard et du Vaucluse en sont exemptés. Le 6 avril, c'est au tour de la Seine, le 11 de l'Aude, des Alpes-Maritimes, Doubs, Seine et Oise, Haute-Garonne, Hérault, Vosges, Bouches-du-Rhône, en juin des Basses-Pyrénées. Manquent l'Alsace et la Moselle.
Conséquence inattendue du décret : « Sur 70 millions de créances juives dans les départements d'Alsace, 60 au moins se sont trouvées éteintes par application du décret du 17 mars 1808. Il en résulte que, les débiteurs des juifs étant devenus les maîtres de la fortune de leurs créanciers, un grand nombre de deux-ci sont aujourd'hui hors d'état de payer l'impôt et même de contribuer à leurs propres dépenses cultuelles (Crétet à Napoléon le 1er février 1809).

En fait, compte tenu des exemptions accordées, dès le début de 1811, les effets du décret ne concernent plus aucun département.

Toutes ces mesures ne réussissent pas à améliorer le climat des relations entre chrétiens et juifs. Une cabale se monte pour empêcher deux d'entre eux d'entrer dans la garde d'honneur. Le cimetière dont ils ont fait l'acquisition hors de la porte Blanche est profané, les convois funèbres insultés et assaillis à coups de pierres. À la fin de l'Empire, la situation n'a guère évolué et la nombreuse communauté juive fait toujours figure d'intruse au sein de la population.

Dans le domaine si délicat des affaires religieuses qui, à cette époque et après les épreuves, tiennent à cœur à la population, seules les bases pouvaient être posées. Sans doute étaient-elles fondamentales. L'institution doit suppléer à la carence humaine ; elle doit prévoir les jalousies et les défiances réciproques, désarmer à l'avance, dans la mesure du possible, les antagonismes. Dans ce domaine, et surtout dans une ville comme Strasbourg, Napoléon obtint des résultats certains. Mais le temps manqua pour faire vivre dans les mœurs ce qui était implanté dans les faits. Loin des tendances œcuméniques qui semblaient s'installer dans la seconde moitié du XVIIIe siècle, l'appartenance religieuse allait être, pour longtemps, au sein de la société alsacienne, outre la fortune et plus que l'origine ou la langue, le critère distinctif.

Jean-Pierre Saurine,
Évèque de Strasbourg
gravure de Godefroy

Une industrie stimulée par le blocus

« Notre place est devenue le comptoir presque exclusif des exportations qui s'effectuaient en partie par mer, pour le Nord et la Russie et celui d'arrivage, pour les denrées coloniales venant de la Hollande et du Nord et, pour le coton, de la Macédoine. »

Bilan de la chambre de commerce de Strasbourg – 1809

À l'avènement de Bonaparte, les infrastructures économiques de l'Alsace sont presque totalement ruinées. Terrestres ou fluviales, les voies de communication sont dans un état lamentable. Le conseil d'arrondissement de Strasbourg constate en 1802 : « Dans les temps pluvieux, lorsque les neiges et les frimas attristent la terre, les routes sont impraticables. Il en résulte la ruine des chevaux, des chariots et voitures, la cherté du roulage et qui pis est, la sûreté du voyageur est compromise. Eh ! qui s'en étonnerait ? Il ne s'y est pas fait depuis douze ans une réparation égale à celle d'une année antérieure ; cependant, le poids des lourds instruments de guerre a sillonné en tous sens depuis plus de huit ans des routes déjà dégradées et, si elles ne sont pas très promptement réparées, le département du Bas-Rhin est menacé de voir toutes ses communications totalement interceptées. »
Les ponts qui enjambent les rivières menacent de tomber en ruine. En 1802, le préfet Shée signale au conseiller d'État Cretet, responsable des routes : « Tout récemment un de ces ponts s'est rompu et a entraîné la voiture et les chevaux dans sa chute. Sans le secours de la ville de Strasbourg, qui a fourni les longerons pour le rétablir, j'aurais été obligé d'interdire une des principales routes du département ».
L'état des voies navigables ne le cède en rien à celui des ponts et chaussées. Le Rhin, artère vitale du commerce strasbourgeois, a été livré à lui-même depuis 1788. Les travaux entrepris sur la rive droite avaient contribué au rapprochement du courant vers la rive alsacienne. Les chemins de halage sont quasi inutilisables, les épis dévastés, les digues écroulées. Les communes riveraines de Rhinau à Neuhaeusel, en passant par La Wantzenau, sont à la merci d'inondations catastrophiques, comme celle de 1802. La situation des autres voies navigables est très similaire.

Comment l'administration consulaire, puis impériale, a-t-elle remédié à cette situation ? En fait, tout est lié aux moyens financiers mis à la disposition des spécialistes des ponts et chaussées. Or, les crédits accordés sont toujours de deux à trois fois inférieurs aux investissements nécessaires. Aussi, doit-on se contenter d'interventions ponctuelles, de réfections provisoires et de solutions boiteuses.

Lorsqu'en 1810 Lezay-Marnésia arrive à Strasbourg, la situation du réseau routier est aussi dramatique qu'elle l'était dix ans auparavant. Le rapport adressé au ministère constate que « les routes ne sont plus praticables pour les transports militaires, voyageurs en poste et chariots d'industrie, les transports y sont exposés à des continuels versements, les chevaux y sont épuisés de fatigue, les voitures et chariots brisés ou endommagés. Bientôt, il n'y aura plus de possibilité de communiquer par nos routes ».

Lezay-Marnésia s'attaque au problème et obtient des résultats appréciables (en particulier la route de Saverne à Strasbourg), sans cependant réussir à reprendre totalement la situation en main. Sa mort accidentelle, due au mauvais état d'une chaussée en réfection, prend valeur de symbole.

Cependant, à Strasbourg surtout, le Consulat puis l'Empire mettent en œuvre un certain nombre d'infrastructures destinées à faciliter les communications avec Paris et avec l'Europe. Réalisation répondant à un intérêt stratégique, mais qui n'allaient pas moins faciliter une reprise de la vie économique.

L'édification du nouveau pont sur le Rhin fut la grande œuvre de l'administration impériale. Sa construction, réclamée à cor et à cri par la municipalité et la bourgeoisie d'affaires, fut décidée en 1803 et achevée en 1818. Majestueux ouvrage de 400 mètres de long sur 12 de large, il permettait à deux voitures de se croiser. La réalisation du canal de jonction du Rhône au Rhin, entreprise à partir de 1805, sera achevée aux deux tiers au moment du blocus de Strasbourg.

Les bateliers strasbourgeois sont touchés par la crise économique résultant des désordres de la Révolution. Alors même qu'ils ont contribué au succès des armées françaises en transportant hommes, chevaux et matériel sur le Rhin, ils entendent bien, avec le retour de l'ordre et de la sécurité, récupérer leurs anciens privilèges de navigation sur le Rhin, tout en exigeant la suppression des péages. Mais leurs démarches ne reçoivent guère d'écho du côté des autorités. Les péages, ramenés au nombre de quatorze, sont maintenus, les privilèges ne sont pas rétablis alors que ceux de Mayence et de Cologne conservent les leurs. Groupés en une association de vingt-quatre bateliers, l'Union des bateliers de Strasbourg, ils réussissent cependant, grâce à leurs qualités professionnelles et à des ententes avec les Mayençais, à maintenir leur présence sur le Rhin.

L'Empire assure également une réorganisation des services de la poste. Ce n'est pas que ceux-ci aient été profondément modifiés par la Révolution. Notons simplement une modification technique importante : le télégraphe optique. Le fonctionnement du service postal a pu être assuré à peu près normalement au début de la Révolution malgré la suppression de toutes les franchises et, surtout, des privilèges des maîtres de poste, moyennant une indemnité (de 30 livres par cheval) qui ne fut jamais versée. Le bail de fermage d'abord jusqu'à mai 1793, gérance directe pour deux ans, puis retour au système de la Ferme qui disparaît sous le Consulat le 17 juin 1801, avec la création du monopole d'État pour la poste aux lettres qui est toujours en vigueur.

Les relations entre Paris et Strasbourg sont améliorées depuis 1792 par l'établissement d'un nouveau courrier qui passe par Metz. La protection, problème de l'heure, est assurée par les soins du général commandant la 5e division à Strasbourg. Avec la création du service des estafettes, l'Empereur s'assure un avantage décisif sur ses ennemis. Les missives privées sont acceptées contre paiement d'une triple taxe. Ce service devient quotidien entre Paris et Strasbourg à partir du 19 septembre 1805. Strasbourg est alors le point de départ de 16 routes vers l'Allemagne et l'Autriche, inscrites sous les numéros 329 à 344 dans « l'État général des routes de poste de l'Empire français » de 1811. La ville est aussi le lieu de départ des routes de service postal destinées aux armées en campagne.

Au début du Consulat, le télégraphe est installé à Strasbourg. Abraham Chappe arrive dans la ville pour construire le poste télégraphique « qui prendra la place du clocher de la cathédrale ». Le 27 brumaire de l'an VI (17 novembre 1797), l'ordre est donné par le Directoire. Le 12 prairial de l'an VI (1er juin 1798), l'installation est achevée entre Paris et Strasbourg. Demandes et réponses peuvent parvenir en une heure et demie. À partir de 1799, deux lignes télégraphiques partent de Strasbourg, l'une de Paris par Metz et celle de Bâle. Une révolution, plus considérable peut-être que la révolution politique, est accomplie, celle de la transmission de la pensée à distance !

1. Le commerce strasbourgeois, du marasme à la prospérité : les effets du blocus

Les années sombres : la lutte pour la liberté (1799 - 1806)

« La Convention nationale après avoir entendu le rapport du comité de commerce considérant que le transit de l'étranger à l'étranger par les départements des Haut- et Bas-Rhin peut favoriser des importations et des exportations nuisibles aux intérêts de la République, approuve les mesures prises relativement audit transit, décrète qu'il demeure suspendu ». Pris dans le contexte de la guerre, ce décret de la convention de Juillet 1793, suspendant le transit, avait porté au commerce un coup sensible. Le transit favorisé par le Margrave de Bade délaisse les entrepôts strasbourgeois pour la rive droite du Rhin. Lorsque le sort des armes, favorable à la France, fait rentrer la Belgique et la rive gauche du Rhin dans l'ensemble français, rien ne semble s'opposer au rétablissement de ce transit réclamé avec insistance. Cependant, oubli ou volonté délibérée ? Alors que Cologne, Mayence, Coblence sont dotés d'entrepôts, celui de Strasbourg demeure fermé.

Conscients d'être victimes d'une injustice, les Strasbourgeois expriment leurs doléances dans un mémoire de 1802. La chambre de commerce multiplie les démarches, envoie des chargés de mission à Paris, fait intervenir les Strasbourgeois membres des assemblées. Enfin, une loi de prairial an XI rétablit le transit. Mais à la grande déception des commerçants de la ville, avec des restrictions qui vont le rendre inopérant. Sont exclus du transit les toiles peintes, les mousselines et les tabacs en feuille, éléments importants du trafic rhénan, alors que Cologne et Mayence obtiennent l'entrepôt pour toutes les denrées étrangères, prohibées ou non.

À Strasbourg, le mécontentement est à son comble ; le conseil général du Bas-Rhin réclame le rétablissement de l'entrepôt. Le maire Hermann envoie au préfet Shée une longue missive dans laquelle, après avoir évoqué la prospérité et l'opulence du commerce avant la Révolution, il brosse un tableau pessimiste de la situation actuelle. Heureusement, les circonstances vont favoriser la ville.

Le blocus et la prospérité

Les décrets de Berlin et de Milan qui instituent le blocus continental vont hisser Strasbourg au premier rang des ports de commerce, à un niveau jamais encore atteint. La menace anglaise pesant sur les ports maritimes, de la mer du Nord à la Méditerranée, les marchandises circulent désormais par voie de terre et, entre le sud de la France, l'Italie, l'Espagne d'une part, l'Allemagne, la Hollande, les pays nordiques de l'autre, Strasbourg devenait donc le relais idéal. Dès 1809, la chambre de commerce dresse un bilan triomphal : « Les circonstances de la guerre et le blocus des ports ont amené au plus haut point d'activité quelques-unes des branches d'affaires que la localité lui assure constamment à un degré inférieur. Notre place est devenue le comptoir presque exclusif des exportations qui s'effectuaient en partie par mer, pour le Nord et la Russie et celui d'arrivage, pour les denrées coloniales venant de la Hollande et du Nord et, pour le coton, de la Macédoine ».

Strasbourg est devenu le plus grand port rhénan. La chambre de commerce donne des indications précises sur l'augmentation du trafic : « Nos expéditions par le Rhin pour Francfort qui atteignaient autrefois de 35 000 à 50 000 anciens quintaux (de 50 kg) par an, se sont élevés dans ces dernières années à plus de 240 000 ». En quatre ans, de 1806 à 1809, les bateaux strasbourgeois transportent 547 801 quintaux, les mayençais 179 653.

Pour les maisons de commerce strasbourgeoises, c'est la prospérité. Human, Kolb et Klose importent d'énormes quantités de coton depuis la Macédoine. À la douane de Strasbourg, les balles s'accumulent jusque sous les toits. Depuis Francfort, les maisons Humann, Saglio, Exel importent des produits coloniaux : café, sucre, tabac, poivre. Le mouvement des exportations prend lui aussi une ampleur inusitée. Strasbourg achemine sur l'Allemagne et les pays de la Baltique d'importantes cargaisons d'eau-de-vie et de vin d'Alsace, de Bordeaux et de Bourgogne. Les capacités de stockage de la ville, devenue la capitale européenne du commerce du vin, sont sollicitées à l'extrême. Les cadences d'expédition par voie fluviale sont doublées, les rouliers et leurs attelages se bousculent aux abords des entrepôts. De moindre volume, mais d'aussi bon rapport, l'amidon, les céréales, les agrumes, les tissus de Lyon, les huiles, la garance sont distribués vers les pays du Nord-Est.

Comme grisés par l'exceptionnel mouvement des affaires, les négociants strasbourgeois sortent de leur prudente réserve habituelle et prennent une dimension européenne. Les frères Livio s'établissent à Saint-Pétersbourg, les maisons Vetter et Monnberger ont pignon sur rue à Lyon. Des accords sont signés avec des commerçants français et de toute l'Europe. Pour la première fois, depuis l'âge d'or du commerce strasbourgeois aux XVe et XVIe siècles, les négociants locaux ont su élargir leur horizon et se lancer dans de fructueuses spéculations.

L'âge d'or de la contrebande

« Il est reçu dans cette ville de marchands que l'on peut être en même temps contrebandier et honnête homme. » Cette déclaration, mi-indulgente, mi-résignée du préfet Lezay-Marnésia, illustre bien l'ampleur du phénomène de la contrebande en Alsace en général, à Strasbourg en particulier.

L'explication en est fournie, dès 1803, par la chambre de commerce : « La contrebande existe partout où il y a des douanes. Elle est un effet nécessaire du système de prohibition. » Jusqu'à la mise en place du blocus, la contrebande est surtout active dans le Haut-Rhin et porte sur les textiles, mais, dès 1806, les mesures de prohibition et de surtaxe donnent une ampleur nouvelle au phénomène.

C'est la population tout entière qui s'y livre, du colporteur juif au curé, du médecin au pêcheur, du batelier au grand commerçant, du douanier au militaire. Toutes les grandes firmes commerciales, les Human, Saglio, Wagner y sont impliquées, ainsi que de hauts fonctionnaires, tels Robin, ingénieur des Ponts et Chaussées de l'arrondissement de Strasbourg et Magnier Granprez, directeur régional des douanes impériales.

Organisée dans le cheminement, dissimulation et écoulement des marchandises, la contrebande se perfectionne à mesure que la répression s'amplifie. Les marchandises sont assurées à des tarifs concordant avec le degré du risque encouru. C'est ainsi que le tabac fabriqué à Lahr, très en dessous du prix de revient alsacien, est frauduleusement introduit à Strasbourg, couvert par une assurance au taux de 20 ou 25 %.

Par ailleurs, on assiste à la naissance de manufactures textiles fantômes, telle la maison Suffinger & Cie de Strasbourg, dont la seule utilité est de donner des certificats d'origine à des ballots de tissus anglais. Il est, en effet, difficilement concevable qu'avec seulement quatre métiers à tisser cette maison puisse produire six cents pièces de toile par semaine !

La contrebande, pratiquée à une telle échelle, est à l'origine de nombreuses fortunes : celles-ci vont permettre à leurs bénéficiaires de se constituer une assise sociale suffisante pour acquérir la capacité politique sous la Restauration et la monarchie de Juillet.

2. *Un autre effet du blocus : l'expansion industrielle*

La prospérité mulhousienne

Vers 1746 apparaissait à Mulhouse une manufacture d'indiennes (toiles de coton peintes), fondée par Jean-Jacques Schmalzer, Samuel Koechlin et Jean-Jacques Feer. C'est le début d'une entreprise prospère qui va faire la fortune d'une ville que rien, apparemment, ne prédisposait à un pareil destin. En effet, Mulhouse est dépourvue de voies de communications privilégiées, ne bénéficie d'aucune source de matières premières et ne dispose pas de main-d'œuvre qualifiée. Il faut donc mettre cette réussite au crédit d'une poignée d'hommes dynamiques, véritables pionniers qui ont su analyser la situation avec lucidité.

Les manufactures bâloises fournissant Francfort, Strasbourg et surtout la Lorraine n'arrivaient pas à satisfaire la demande sans cesse croissante de leurs clients, en particulier des Lorrains. Or, les successeurs de Samuel Ryhiner répugnaient à accroître leur capacité de production, ne désirant pas accueillir de capitaux étrangers à la famille. Par ailleurs, Mulhouse étant le lieu de passage obligatoire pour les marchands lorrains se rendant à Bâle, il était tentant de faire de cette ville-étape une ville-marché. Enfin, les pionniers mulhousiens vont bénéficier d'un important apport de capitaux bâlois alléchés par des intérêts de l'ordre de 5 à 6 %, nets plus conséquents que les 3 % qu'on leur offre dans leur cité d'origine.

La société Koechlin, Schmalzer & Cie prend un départ des plus modestes avec un capital de 40 000 francs dont une notable partie est prêtée par le magistrat de Mulhouse. Mais elle ne tarde pas à connaître la prospérité. Les bénéfices substantiels réalisés dans cette nouvelle activité attirent bientôt l'attention d'autres industriels et un afflux important de capitaux. La maison Koechlin, Schmalzer & Cie n'y résiste pas. Elle éclate en 1758 et les associés se séparent pour fonder, chacun de son côté, une nouvelle entreprise. L'essor était donné. Il ne devait connaître aucun ralentissement. En 1768, on compte à Mulhouse quinze manufactures d'indiennes auxquelles il faut ajouter toutes celles qui se fondent dans la région de Wesserling, Sierentz, Munster, Thann, Cernay. En 1798, année du rattachement de Mulhouse à la France, 22 entreprises se partagent la fabrication de 200 000 pièces de 16 aunes par an.

Encore fallait-il trouver des débouchés pour ces toiles. En effet, l'accord de 1786 entre Mulhouse et le royaume de France, permettant à la petite république d'y écouler 40 000 pièces par an, était devenu caduc à la Révolution. Il fallait désormais acquitter de ruineux droits de douane pour passer des indiennes en France. En outre, Mulhouse est en butte à l'hostilité farouche du conseil général du Haut-Rhin siégeant à Colmar, fortement épaulé par Jean-Baptiste Reubell. Le 2 mars 1792, mettant à profit le recul des barrières douanières sur les rives du Rhin, le conseil général en accord avec les manufacturiers du département installe une barrière douanière autour de Mulhouse. C'était l'asphyxie à brève échéance, un malheur que la cité ne pouvait conjurer qu'en sollicitant son entrée dans la République française, ce qui fut fait en 1798.

Pour la présentation de l'activité économique de Mulhouse, sous le Consulat et l'Empire, je me tourne vers mon homonyme, Raymond Oberlé, historien de Mulhouse : « Ce n'est pas la guerre qui définit le mieux l'Empire, c'est le blocus continental ». Ce mot de E. Halkin donne la clef du développement de Mulhouse. Réalisant l'intégration à la France de la petite république, amorçant l'assimilation par la suppression des frontières douanières et religieuses, l'époque napoléonienne accélère la révolution mécanicienne, donne, grâce au blocus continental, un vase champ aux créations industrielles des notables de la cité et permet l'essor spectaculaire du XIXe siècle.

Trois facteurs qui se conjuguent expliquent la prospérité de Mulhouse pendant l'époque napoléonienne : l'adaptation aux progrès techniques, les disponibilités financières dont bénéficient les fabricants et la situation spéciale de la ville face à un marché considérablement élargi.

En l'an XII, la production mulhousienne avait déjà atteint le niveau de celle de 1786-1788. L'essor du textile se confirma surtout quand les fabricants se lancèrent dans la mécanisation de leurs entreprises. Les innovations se succèdent grâce aux progrès techniques. La navette volante apparaît à Mulhouse en 1805, la machine à imprimer au rouleau est introduite en 1804, le blanchiment au chlore, découvert en 1785 par Berthollet, se répand et réduit à quelques jours une opération qui nécessitait trois ou quatre mois. En 1812, Dollfus-Mieg utilise la première machine à vapeur comme moteur de filature. Le renom de la manufacture de l'ancien Mulhouse dépendait en grande partie des dessinateurs et des graveurs. À présent, les coloristes et les chimistes prennent la relève grâce aux progrès réalisés dans la recherche des colorants.
Les Mulhousiens participent à ces travaux et introduisent de nouveaux produits. On découvre le rouge d'Andrinopole. Laurent Weber réalise de grands progrès dans son application. Daniel Koechlin invente les procédés d'enlevage à la cuve décolorante. La qualité des toiles qui servent de support est améliorée. Depuis 1792, on tisse des siamoises à Mulhouse. De nouvelles étoffes font leur apparition, les percales en 1808. D'année en année, la gamme chatoyante des cotonnades s'allonge. L'impression a grand besoin de fil que la fabrication au rouet et au fuseau ne pouvait plus satisfaire. Les indienneurs s'efforcent d'installer des filatures annexes. La création de filatures témoigne de l'essor du textile : Blech Frères & Cie ouvrent une usine en 1809, puis ce sont Gustave Dollfuss et Huguenin et enfin DMC également en 1809. Quelques manufacturiers mulhousiens établissent leurs filatures dans les vallées voisines désormais largement ouvertes à leurs entreprises : Nicolas Koechlin et Frères (1807) à Masevaux, Nicolas Schlumberger & Cie (1810) à Guebwiller, Risler Frères & Cie à Cernay, Isaac Koechlin (1805) à Willer, Lischly et Dollfuss (1805) à Bollwiller. L'industrie mulhousienne affirme sa vocation régionale. L'introduction de la filature mécanique augmenta considérablement la production.

Enfin, c'est la politique douanière de la France qui consolida la politique des entreprises mulhousiennes. À la suite de la prohibition de l'entrée des toiles de coton étrangères, l'industrie suisse connut une forte crise et une précieuse main-d'œuvre dut s'expatrier. Elle émigra vers l'Alsace et surtout vers Mulhouse. Le tissage s'adapta à son tour à la conjoncture. On abandonna le système du travail à domicile. Jean-Jacques Grosheintz fut le premier à ouvrir un grand atelier groupant plusieurs dizaines de métiers. Entre l'an XII et 1806, il y eut trois créations de tissages à Mulhouse.
Par ailleurs, les industriels augmentèrent l'efficacité de leurs entreprises par l'intégration. Les lois prohibitives de février 1806 qui privaient les imprimeurs des toiles blanches étrangères, hâtèrent le processus. Nicolas Frères (imprimeurs) construisirent une filature et un tissage. Vetter, Thierry et Grossmann travaillaient avec 300 tables d'impression, 120 métiers à tisser et une filature de 14 métiers.

Le grand effort dans l'innovation, dans la concentration et dans l'intégration, répondait à l'époque du blocus continental et de lutte contre l'Angleterre à une demande particulièrement intense. Situé à la frontière continentale, le textile mulhousien pouvait profiter de la prohibition des toiles de coton et satisfaire un marché bien élargi. Les manufacturiers durent cependant s'adapter sans cesse aux changements qu'imposait la politique de conquête de l'Empereur.
Les études récentes sur l'importance considérable du blocus continental mettent en évidence les modifications que connaissent alors les grands courants commerciaux. À l'origine, les fabricants mulhousiens s'approvisionnaient en Inde à travers la Suisse. À présent, les voies passent par l'Europe centrale. La contrebande bat son plein. La conjoncture reste mouvante, mais le système de routes que constitue l'Empire (à l'image de l'empire romain) fait du Rhin l'artère vitale de l'Europe nouvelle et installe Mulhouse à portée de main entre Naples et Hambourg. »

L'essor de l'industrie haut-rhinoise

À l'exemple de Mulhouse, les vallées vosgiennes voient fleurir une importante industrie vouée au « roi coton » et qui va accueillir la main-d'œuvre rurale en surnombre.
À Munster, c'est André Hartmann qui crée une usine dont il devient seul propriétaire en 1789. Dès 1796, il fonde une nouvelle société, Soehnée l'Aîné & Cie, qui emploie 1 200 ouvriers en 1800, occupés à l'indiennage ou à la filature. À Ribeauvillé, une première entreprise fondée par Steffan, associé à son beau-frère Conrad Appenzeller, abandonne filature et tissage pour se consacrer à la teinture et à l'impression. Elle sera suivie par Fischer & Cie en 1807 et Weissgerber Frères

en 1814. On y produisait des tissus de coton, des mouchoirs, des siamoises, des étoffes pour robes et pour rideaux.
Guebwiller se lance également dans l'industrie textile : « La première tentative se place en 1804. Deux industriels bâlois, Jean de Bary et Bischoff installèrent un tissage de rubans de soie et amenèrent avec eux des ouvriers suisses, dont chaque famille travaillait à domicile (570 ouvriers en 1872 dont 250 seulement à Guebwiller même).
En 1809, l'entreprise passa à la famille de Bary-Merian, qui ajouta à la rubanerie une confection de bonnets et de foulards de soie. L'année 1806 vit une autre création, celle de l'établissement Ziegler-Greuter (originaires de Zurich), un tissage de coton. Les fondateurs lui adjoignirent successivement une filature, des ateliers de blanchiment, d'apprêt, de teinture et d'impression. L'entreprise devint rapidement florissante par suite des nombreux besoins à ce moment. De 100 ouvriers en 1806, le nombre passa à 1 200 en 1810. En 1808, une autre entreprise vit le jour, celle-ci de plus en plus puissante, une filature de coton, fondée par Nicolas Schlumberger (de Mulhouse), qui devait devenir l'établissement industriel le plus important de Guebwiller avec 300 ouvriers en 1812, 500 en 1813. En 1809, Nicolas Schlumberger attacha le jeune Antoine Herzog à son établissement pour monter la filature » (Lucien Sittler).
Sainte-Marie-aux-Mines et les vallées adjacentes constituent un grand centre industriel adonné à l'impression sur coton et la fabrication de tissus de coton pur ou mélangé, employant près de 1 700 ouvriers. Chez Robert & Cie, 400 personnes actionnent 160 métiers réalisant siamoises, mouchoirs, toiles peintes. Les chiffres sont les mêmes pour Schombart Frères, qui produit en 1806, 5 390 pièces de siamoise et de mouchoirs.
On trouve en outre des manufactures à Alspach, Bollwiller, Masevaux, Montbéliard, Thann (Risler), Munster, Muhlbach, Ensisheim, Cernay, Belfort, Wesserling où Gros Roman & Cie créent une entreprise en 1802 qui, entièrement mécanisée, dispose quatre ans plus tard de 20 *mule-jennies* (métiers à filer) et 16 assortiments mécaniques en filature continue, travaillant exclusivement du coton fin du Brésil ; 392 ouvriers y produisent annuellement 12 000 pièces de draps.
Enfin, dans la banlieue de Colmar, au Logelbach, s'installe un autre grand centre industriel voué au textile. En 1806, Haussmann Frères y emploie 650 ouvriers fabriquant 11 500 pièces d'indiennes.

Bischwiller : du drap pour les uniformes

Sous la Révolution, la petite cité, capitale du textile en Basse-Alsace, travaillait presque exclusivement pour les besoins de l'armée. À tel point que les fileurs de laine se sont vu interdire de filer pour les gantiers, sous prétexte que l'armée n'avait pas besoin de gants.
À son arrivée à Strasbourg, Laumond établit un tableau statistique du département du Bas-Rhin. Voici ses considérations sur Bischwiller : « La culture du chanvre est un objet intéressant pour ce pays qui avant la guerre suffisait, par sa propre récolte, aux besoins de près de 200 ateliers. Il existe plus d'une manufacture de ce genre dans la petite commune de Bischwiller. Il y avait 4 moulins à préparer le chanvre ; 22 fabriques de draps ne font des draps que pour l'habillement des troupes et des gens de la campagne. La cherté des lainage et la difficulté des transports depuis la guerre ont occasionné une stagnation considérable dans ces manufactures.
Quatre fabriques de bas en métier, 6 fabriques de tabacs, des brasseries, 9 fabriques de poterie en terre, 3 ateliers de taillanderie, 7 teintureries, 5 tuileries, plus fabriques de gants de laine, 1 fabrique de cordes. »
Dès 1802, l'industrie bischwilleroise entre dans une ère de prospérité, décrite par Jules Camus : « L'industrie drapière allait se relever à partir de l'an X, grâces aux commandes de l'État. Le premier essai ne réussit pas. Le fabricant Ehrer ne put produire les 60 000 mètres qu'il avait promis pour une année. Mais l'attention du ministère de la Guerre était attirée sur notre cité et dans un manifeste du 25 messidor an XIII portant 48 signatures, les drapiers remerciaient le préfet Schée de sa bienveillante intervention auprès du gouvernement.

Pendant toute la durée du règne de Napoléon, les drapiers de Bischwiller continuèrent leurs livraisons à l'État. Ils vendaient surtout du drap teint en bleu, en rouge, en blanc et en vert. Ce drap mesurait 119 cm de large ; le prix de vente variait, selon la qualité, la couleur et l'année, entre 6,80 et 12 francs le mètre. Une moyenne annuelle de 60 000 mètres fut ainsi livrée en 1804 et 1811. »

Une autre cause de recrudescence de l'activité industrielle fut la confirmation par décret impérial, en 1806, de la décision du conseil de préfecture relative au partage des biens communaux. Cette question du partage avait été matière à conflits incessants depuis le début de la Révolution. Maintenant que le fait était consommé, il s'ensuivait pour la commune un appauvrissement salutaire, qui poussa les gens actifs à ne compter que sur leurs propres forces et les engagea à faire preuve d'un esprit d'initiative qui tourna au plus grand profit du commerce et de l'industrie de leur ville.
Dans de telles conditions, l'industrie textile fit des progrès sensibles. Bischwiller comptait 45 métiers à tisser en 1802, 100 en 1806, 120 en 1811. Sur ces 120 métiers, 65 étaient répartis entre 53 tisserands. 55 appartenaient aux trois propriétaires des seuls grandes fabriques qui existaient alors : Leroy & Cie, Goulden & Cie et Heusch et Weiss. Ces trois manufactures, dont l'organisation technique ne présentait encore aucune innovation, employaient de la laine indigène et travaillaient pour le gouvernement, tandis que les petits tisserands se servaient surtout de laine importée d'Allemagne et travaillaient pour le commerce.
Environ 4 000 pièces de drap, absorbant de 120 000 à 150 000 kg de laine, sortaient annuellement de Bischwiller ; 1 100 ouvriers étaient employés à leur préparation, dont 900 fileurs. Parmi ces derniers, la moitié habitait Bischwiller et travaillait toute l'année. Les autres étaient des ouvriers des villages voisins qui consacraient à la filature les loisirs que leur laissaient les travaux des champs.
À côté de la draperie, les industries les plus importantes était, vers 1810, le travail du chanvre qui occupait 80 ouvriers et employait annuellement de 100 000 à 150 000 kg de chanvre indigène et la bonneterie, représentée par trois grandes maisons et occupant 300 ouvriers travaillant à leur propre compte.

Strasbourg s'éveille à l'industrie

Sans connaître la même expansion que Mulhouse ou Bischwiller, l'industrie strasbourgeoise profite de la liberté et sort de la médiocrité où elle végétait avant la Révolution. Stimulés par les initiatives du gouvernement, encouragés par les préfets, favorisés par les conséquences du blocus, les Strasbourgeois se lancent dans l'aventure industrielle.

L'épanouissement de l'industrie textile

C'est l'industrie cotonnière qui manifeste le plus grand dynamisme. Jean Malapert y joue un rôle prépondérant. Fondateur de la première filature de coton entre 1800 et 1806, il multiplie le nombre de ses métiers, adopte la filature mécanique en installant des *mule-jennies* et des *genies*. En 1810, il fait travailler 450 ouvriers et fournit des toiles à imprimer à tous les ateliers qui se livrent à l'indiennage. En effet, sans doute édifiés par la réussite de ce type d'industrie à Mulhouse qui, en 1798, année de son rattachement à la France, comptait vingt-deux entreprises de toiles peintes, Bucher et Schlienger fondent des manufactures d'indiennes à Strasbourg.

Le roi coton

L'exemple de Malapert est largement suivi, surtout après 1806 où, grâce au blocus, Strasbourg devient, ainsi que nous l'avons vu, le grand centre d'importation du coton macédonien ou ottoman. Une bonne vingtaine de filatures entrent en activité. L'impression sur étoffe connaît également un développement appréciable, grâce surtout à l'entreprise de Bucher et, accessoirement, à celle de Wendling. Une maison solidement structurée, Engelhardt, Kern & Cie se détache de l'ensemble des firmes strasbourgeoises. Lorsque l'industrie cotonnière rencontre, à partir de 1810, de sérieuses difficultés, cette maison se lance à la conquête du marché italien, imitée par Bucher qui n'hésite pas à s'installer à Rome pour mieux écouler ses toiles peintes.

La laine

L'industrie lainière, la draperie, fait un peu figure de parent pauvre à côté de l'expansion du coton. Une entreprise mérite de retenir l'attention, à la fois par le volume de ses activités et par l'originalité et la souplesse dont elle fait preuve dans ses structures, celle de Georges Dietsch qui, comme le souligne F. L'Huillier,

« participe curieusement de l'institution sociale ». En effet, ce drapier se trouve à la tête d'une fabrique sise au quai des Bateliers où 152 ouvriers s'activent sur 30 métiers. Il règne en même temps sur une foule de petits ateliers totalisant une trentaine de métiers et plus de 300 ouvriers au recrutement des plus éclectiques : hommes et femmes de la maison de détention qui sont occupés au cardage, militaires « au boulet », anciens mendiants de l'atelier de travail, orphelins qui apprennent, tout en participant à la production, le métier de fileur, enfants trouvés de l'établissement de Stephansfeld. Si l'on ajoute que l'entreprise utilisait, tant à Strasbourg que dans les campagnes environnantes, le fruit du travail de nombreuses fileuses à domicile, on aura brossé le portrait d'une activité fort originale, du moins à Strasbourg.

Le lin et le chanvre

L'industrie du lin et du chanvre, assez mal implantée dans le Haut-Rhin est, en revanche, représentée à Strasbourg par une importante filature, complétée par un tissage de cent métiers entre les mains des industriels Vetter et Grau.

Les fluctuations des industries à caractère local

Parmi les nombreuses fabrications, dont la plupart tiennent davantage de l'artisanat que de l'industrie, il convient de dégager des activités qui, tout en utilisant des matières premières d'origine locale, ont su se hisser à un niveau honorable.

Le tabac

La fabrication du tabac est au premier rang. Strasbourg s'était acquis dès le XVIIe siècle une enviable réputation dans la confection des mélanges à fumer, à priser et surtout à mâcher, grâce à l'emploi d'une « sauce » dont les industriels locaux gardaient jalousement le secret. Encore florissante au début de la Révolution avec une cinquantaine de fabriques, l'industrie du tabac s'est heurtée à de multiples difficultés, résultant de l'excès de la réglementation, taxes, patentes, barrières douanières.

En 1811, la mise en place de la Régie des droits réunis qui détient le monopole de l'achat du tabac en feuilles, de la fabrication et de la vente, met fin à une activité « privée » qui a eu ses lettres de noblesse. La fabrique impériale des tabacs, installée dans les bâtiments conventuels de Saint-Étienne, utilise les services de 1 500 ouvriers.

L'amidon

La fabrication de l'amidon connaît les mêmes tribulations. Très active au début de la Révolution avec 34 fabriques, elle décline progressivement : 19 fabriques en 1800, 7 en 1804. Ce déclin s'explique par la montée de la concurrence des entreprises qui s'établissent dans le pays de Bade et confisquent à leur profit le marché suisse, débouché des amidonniers strasbourgeois.

La garance

La fabrication de la garance, en nette régression sous la Révolution, stimulée par la permanence des commandes militaires, connaît un certain progrès. En 1813, cinq entreprises procèdent au séchage et à la mouture des racines de cette plante tinctoriale.

Le début timide des industries nouvelles

La guerre maritime et le blocus posant de façon impérative le problème du ravitaillement en sucre, Strasbourg se lance dans l'aventure toute nouvelle de la fabrication du sucre de betterave avec l'installation d'une fabrique impériale érigée en école spéciale. Attirés par les privilèges qu'octroient les licences de fabrication, plusieurs Strasbourgeois créent leur sucrerie. Mais de 18 entreprises recensées en 1809, il n'en restera plus que 2, utilisant au total 24 ouvriers à la fin de l'Empire.

Il importe aussi de mentionner la création et le développement d'une industrie chimique, « née à la fois du commerce, des besoins du textile et des ressource scientifiques d'une ville universitaire » (F. L'Huillier). Des professeurs et des industriels se lancent dans la fabrication d'acides, de potasse, de soude, de sulfate de zinc, d'alun.

3. La crise industrielle et commerciale de 1810-1812

Le remarquable essor de l'industrie strasbourgeoise à partir de 1806 était, ainsi que nous l'avons constaté, largement déterminé par des impératifs politico-militaires. De ce fait, et par les mêmes motifs, il pouvait aussi être soudainement compromis.
C'est ainsi que la crise commerciale dont Strasbourg, comme les autres cités commerçantes, va ressentir les effets à partir du printemps 1810, résulte en grande partie des modifications des données politiques. Les hostilités avec la Russie rendent très aléatoire le transport du coton ottoman jusqu'à Vienne. Bientôt, les entrepôts strasbourgeois se retrouvent vides. Les exportations de vins et eaux-de-vie vers l'Allemagne, vidée de sa substance, appauvrie par les allées et venues des armées de toute l'Europe, se ralentissent considérablement.
Par ailleurs, le décret de Trianon du 5 août 1810 majore de 10 à 50 % *ad valorem* les droits d'entrée sur les denrées coloniales. Le quintal de coton d'Amérique, pour lequel on payait 1 franc de droit en 1804, 60 en 1806, passe à 800 francs (Geoffroy Ellis).

Comme le note A. Chabert, ce qui caractérise la crise de 1810-1812, c'est qu'elle tire son origine d'une double cause :

- d'un effondrement du réseau bancaire, par suite d'un mouvement excessif de spéculation, dépassant les possibilités réelles des ventes de l'industrie, surtout à l'extérieur ;
- d'une sous-production agricole qui anémiera à bloc le pouvoir d'achat populaire et créera une crise de sous-production industrielle relative. Après la mauvaise récolte de 1811, la sous-consommation vient amplifier les effets déprimants déjà existants. À la perte des marchés extérieurs s'ajoute le rétrécissement du marché intérieur.

La conjonction de toutes ces mesures paralyse le mouvement économique. Les faillites ébranlent Lubeck, Hambourg, Amsterdam et Genève. Les maisons strasbourgeoises, fortement éprouvées par la mise sous séquestre des denrées coloniales, par la disparition des cotons d'origine turque, victimes par ailleurs de spéculations trop hardies et sans commune mesure avec leur assise financière, suivent le mouvement. Les maisons Eissen, Heisel, Bosshardt, Heyberger et bien d'autres, s'effondrent. Les grandes firmes, les Saglio, les Humann, bien que touchées elles aussi, résistent mieux au choc.
La crise commerciale devait fatalement se répercuter sur la production industrielle et particulièrement sur l'industrie cotonnière, dont la production fléchit. Le marasme est accentué par l'entrée en vigueur du nouveau régime des tabacs et la centralisation des fournitures militaires à Paris qui prive artisans et industriels de ces débouchés, traditionnels pour eux depuis la Révolution.
Tout compte fait, malgré les faillites et les difficultés de toutes sortes, la jeune industrie strasbourgeoise évite l'effondrement et réussit à surmonter la crise. Pour Strasbourg, le bilan économique demeure positif : une industrie cotonnière en bonne santé qui a conquis le marché italien, une industrie chimique pleine de promesse.
Voilà qui pourrait compenser l'étiolement des fabrications traditionnelles. Mais le péril n'est plus sur le Rhin : il est à Paris. Dans son ouvrage, Louis Bergeron montre bien « que le remodelage de l'espace économique français au XIXe siècle s'est trouvé commandé par la concentration parisienne des capitaux et des entrepreneurs », même si certains capitalistes provinciaux, de Mulhouse, mais aussi de Strasbourg, avec Mackau, apparaissent d'après les études de Jean-Marie Schmitt, comme les pionniers de la révolution industrielle en Haute-Alsace.

Bien évidemment, la crise va frapper de plein fouet Mulhouse et ses 15 000 ouvriers : « En 1811, les fabriques de Mulhouse comprennent, outre 10 draperies (3 500 ouvriers), 40 tanneries (100), 16 maroquineries (30) et la manufacture de papiers peints de Rixheim, sans compter 3 filatures mécaniques associées à des tissages de coton (550). À l'essor, entre l'an XII et 1806, succède une stagnation qui dure jusqu'en 1808. Par la décision de l'empereur d'ouvrir le marché italien, le textile trouve un débouché nouveau.

Nécessitant, grâce aux progrès techniques, un effort d'adaptation ininterrompu, il exige par là même un effort parallèle d'investissement qui l'entrée en scène, décisive, du capitalisme bâlois.

Une nouvelle crise qui n'a pas eu son pareil éclata en 1810, crise commerciale et industrielle. Toutes les entreprises furent touchées. Entre 1810 et 1811, le nombre d'ouvriers du textile tomba de 14 340 à 9 115 (- 36 %). La production de pièces imprimées tomba, à Mulhouse, entre le premier trimestre de 1810 et le premier trimestre de 1811, de 78 000 à 62 400. On enregistra, au cours de cette récession, qui n'était pas particulière à la ville, de nombreuses faillites en France à la suite du retrait du crédit bancaire.

Les milieux d'affaires suisses commencèrent par retirer leurs capitaux placés à Mulhouse, mais se ravisant et perplexes à l'idée de subir de plus grandes pertes par d'inévitables faillites, ils décidèrent d'augmenter les capitaux déjà engagés. La manufacture mulhousienne doubla le cap, mais était tombée, plus que jamais, sous la dépendance du capitalisme bâlois. Paralysé dans son expansion au sein de la Confédération, celui-ci avait en effet placé d'importants capitaux dans la ville de Mulhouse.

Cousin Mérian de Bâle commanditait Nicolas Koechlin à qui Frères Mérian avançaient 1 220 000 francs. Emmanuel Laroche, Rodophe Gemuseus et Martin Wenck commanditaient Vetter, Thierry, Grossmann. On sait que Jérémie Risler-Koechlin a été formé grâce à Bourcard, Thurneysen et Jérémie Stehelin. DMC était placée sous la gérance de Speyr. Quelques manufactures mulhousiennes travaillent à façon pour Bâle, tels Heilmann père et fils, Kohler et Mantz, Huguenin l'aîné, Baumgartner & Cie, Hubert et Steiner. La crise de 1810 laisse cependant des traces inévitables sur l'industrie mulhousienne. D. Schlumberger (1812), Vetter, Thierry, Grossmann (1813), J. Risler, Koechlin & Cie (1815) se retirèrent ainsi que Speyr.

Le chômage qui survint à la suite de la récession accrut la tension sociale. Des tentatives d'associations ouvrières sont entreprises. Le préfet intervient : il mobilise la garde nationale. Le calme est rétabli tant bien que mal. Près du tiers des ouvriers, environ 5 000 salariés, sont licenciés. Beaucoup d'entre eux sont réduits à la mendicité. Les ouvriers étrangers en chômage sont renvoyés de la ville. L'inquiétude suscite une nouvelle vague d'agitation que calment encore une fois les mesures policières. Ces manifestations restent sporadiques. La crise économique ne déclenche pas de crise sociale. Il n'y a aucune prise de conscience de classe dans le monde ouvrier mulhousien de l'époque » (Raymond Oberlé).

En dépit de la crise, le bilan de l'économie alsacienne sous l'Empire demeure largement positif. C'est le cas pour Mulhouse résolument lancée dans l'ère du machinisme et devenue un exemple et un stimulant pour le nouveau département du Haut-Rhin, dix ans à peine après en avoir été le paria. Nous avons également vu Strasbourg sauvegarder une bonne partie de ses acquis, à l'exception des filatures et des tissages. Pour Bischwiller, terriblement affectée par les invasions de 1814-1815, l'activité industrielle renaît de plus belle après 1815 avec, comme à Mulhouse, l'entrée du machinisme, principalement la machine à carder la laine. N'oublions pas la nouvelle prospérité des établissements de Dietrich, ruinés par la Révolution, mais largement reconstituée sous l'Empire, et l'activité des manufactures d'armes à feu de Mutzig, stimulée par les frères Coulaux.

N'oublions pas non plus l'activité des artisans alsaciens dont beaucoup sont en quelque sorte de petits industriels, les 180 potiers qui font du Bas-Rhin l'un des tout premiers départements en ce domaine, les 218 tanneurs qui se placent, eux aussi, en 1812 aux premiers rangs nationaux, les 237 brasseurs recensés en 1802, les travailleurs du chanvre, les travailleurs du bois qui constituent avec tous leurs collègues artisans les forces vives des villages et des villes d'Alsace.

Le colonel Koechlin
et la garde nationale de Mulhouse
(en arrière-plan une illustration de l'essor industriel de la région)
Régamey

Frédéric Régamey

IV
La vie agricole : routine et innovations

« Faites bien comprendre aux communes la nécessité de transformer les vastes terrains incultes. Combattez leurs craintes ridicules au sujet de la nourriture des bestiaux. Qui ne sait, que des milliers de voitures de trèfle pourraient être récoltées sur ces mêmes pâturages où les bestiaux, exposés à toutes les ardeurs du soleil, ne trouvent de loin en loin que de rares brins d'herbes et d'où, après avoir servi de pâture aux insectes, au lieu d'y trouver la leur propre, ils reviennent avec toute la faim qu'ils y avaient apportée. Ne dirait-on pas en voyant ces landes enclavées dans les terrains cultivés, qu'il y a deux espèces de populations en Alsace : d'un côté, des hommes intelligents, laborieux, de l'autre, des sauvages ? »

Lezay-Marnésia

Avec les achats de biens nationaux, qui ne sont d'ailleurs pas achevés, le partage des biens communaux a sensiblement augmenté la propriété paysanne. En 1800, deux hectares sur trois appartiennent à ceux qui les cultivent. Dans la zone où cohabitent catholiques et protestants, ces derniers ont été les grands bénéficiaires de la vente des biens nationaux.
Cet accroissement de la propriété rurale ne détermine cependant pas un essor de l'agriculture alsacienne fortement gênée par des circonstances défavorables. Avec l'omniprésence de la guerre, les réquisitions se succèdent, touchant le cheptel et les récoltes. Les corvées obligatoires mobilisent, pour des périodes de dix à vingt jours, les paysans et leurs attelages. En 1797, une grande épizootie décime le cheptel. Par ailleurs, l'endettement excessif, le morcellement des parcelles, la routine des techniques agricoles empêchent un réel essor de l'agriculture alsacienne.

Il faudra l'arrivée de Lezay-Marnésia à la tête de la préfecture du Bas-Rhin pour qu'un souffle nouveau bouscule les routines et les préjugés. Personnage charismatique, en moins de quatre ans il obtient l'adhésion totale et admirative d'une paysannerie généralement peu encline aux innovations, surtout lorsqu'elles sont particulièrement hardies.

1. Les pesanteurs d'une agriculture routinière : l'enquête de Laumond

À son arrivée à la préfecture du Bas-Rhin, Laumond entreprend de faire le point sur la situation de l'agriculture et d'en recenser les points forts et les points faibles.

Le point fort : la céréaliculture

La fertilité remarquable de plusieurs zones bas-rhinoises (Kochersberg, région de Sélestat) fait que, en année normale, la récolte de graines est largement excédentaire. En 1800, le Bas-Rhin a encore des graines de la récolte de 1799, quoiqu'il ait prodigieusement contribué à l'approvisionnement des armées et des places, ainsi que de l'Helvétie. L'excédent est vendu dans la région lyonnaise et dans le Midi. L'interdiction de toute exportation lèse les agricultures qui pourraient bénéficier de prix plus élevés. Le Haut-Rhin, pour sa part, depuis l'incorporation du Mont-Terrible, n'est plus autosuffisant.

Paysan alsacien sous le Ier Empire. Scène de labour avec panorama des principaux instruments aratoires
gravure de B. Zix
Arch. dép. du Bas-Rhin

Le point faible : l'élevage

La médiocrité de l'élevage alsacien est une constante qu'avaient régulièrement signalée les intendants d'Alsace et qui sera encore stigmatisée sous le Second Empire : « En général, l'éducation des bestiaux n'est point une grande ressource pour les habitants du Bas-Rhin. Cependant, la facilité d'avoir des pâturages en très grande abondance pourrait rendre ce département l'un des plus riches de la France, par un bétail très nombreux dont l'agriculture retirerait les plus grands avantages.

L'éducation des bêtes à cornes est plus négligée que celle des chevaux, ce qui tient sans doute à l'habitude que l'on a d'employer exclusivement ceux-ci aux travaux de l'agriculture dans la plupart des cantons du département. Depuis longtemps, des gens éclairés ont fait sentir l'avantage qu'il y aurait pour le cultivateur à remplacer les chevaux de labourage par des bœufs, surtout au pied des montagnes et les cantons montueux, mais cela a été vain et la routine a été plus forte que la raison. »

Les spécialistes insistent tout particulièrement sur cet aspect du problème : « L'agriculture de l'Alsace et, en particulier du Bas-Rhin, ferait d'immenses progrès si on pouvait déraciner l'usage de se servir des chevaux pour le labourage des terres et lui substitue l'emploi des bœufs. Ce changement aurait d'immenses avantages, amélioration et augmentation des engrais, puis accroissement de produits pour la vente du bétail, que le cultivateur engraisserait pour le boucher. De cette manière, nous cesserions d'être tributaires de la Suisse, du pays de Bade et de l'Allemagne, où nous sommes obligés d'aller faire nos approvisionnements. »

L'Alsace a, en revanche, fait des progrès en ce qui concerne la qualité de l'élevage du cheval, si décriée sous l'Ancien Régime, au point que Jacques de la Grange avait dû renoncer à son projet de haras à Strasbourg : « La race des chevaux de la plaine est d'une riche taille. Cette race est propre à la culture, à la cavalerie et à l'artillerie. Les produits sont surtout remarquables dans les cantons d'Oberhausbergen et d'Erstein. »

Médiocrité aussi dans le domaine des élevages ovins et caprins et dans celui de l'apiculture : « Les bêtes à laine sont en petit nombre ; elles devraient cependant fixer davantage l'attention des cultivateurs ; quelques cantons seulement ont pris conscience de l'intérêt de cet élevage. La laine que l'on en retire n'est pas d'une qualité supérieure. Dans quelques communes, cependant, telles que celle de Weitbruch dans le canton de Haguenau et celles de Gries et de Brumath, les troupeaux produisent une laine plus recherchée que celle des autres cantons. Les chèvres y sont en assez grande quantité.

On élève une quantité considérable de porcs, dont les cultivateurs tirent un grand profit. L'éducation des abeilles a grand besoin d'être améliorée. Les abeilles pourraient d'autant mieux se multiplier que l'on cultive beaucoup de maïs dans les cantons méridionaux et partout des navettes, dont les fleurs leur conviennent parfaitement. »

L'extension du vignoble

La Révolution avait fait passer nombre de vignes du clergé ou de la noblesse aux paysans et aboli l'ordonnance de 1731 interdisant l'extension du vignoble en plaine. On assiste ainsi à une forte extension des surfaces, une grande augmentation de la production de vin entraînant une nette diminution de la qualité. Mais le vin se vend bien dans le sillage de la Grande Armée. Pour les viticulteurs alsaciens, l'Empire est une période faste.

Conscient des insuffisances de l'agriculture alsacienne, un certain nombre de personnalités se regroupent au sein d'une société libre d'agriculture et d'économie intérieure du Bas-Rhin et cherche à proposer des remèdes et des solutions.

C'est, en définitive, l'arrivée, en 1810, de Lezay-Marnésia qui va changer le visage de la vie rurale, du moins dans le Bas-Rhin.

2. Lezay-Marnésia : le préfet des paysans

Avec l'arrivée de Lezay-Marnésia, l'agriculture bas-rhinoise prend un nouvel essor. Passionné par les problèmes agricoles, il recherche le contact direct avec les paysans de son département. Il parle couramment l'allemand et se met très vite au dialecte, ce qui force l'estime et la confiance des ruraux qui répondront « présent » chaque fois que leur préfet les sollicitera. Jamais un représentant de l'État n'atteindra un tel niveau de popularité.

Adrien de Lezay-Marnésia
gravure de Guérin
Cabinet des estampes
Strasbourg

La réfection des routes et des chemins vicinaux

À son arrivée, le nouveau préfet trouve le réseau de communication dans un état lamentable. Il va y remédier grâce à la « prestation en nature », résurgence de la corvée. Le biographe de Lezay, Louis Spach, a décrit avec talent l'œuvre du préfet en ce domaine : « Il commence par des tournées fréquentes, brusques, inattendues. Il voulait voir de ses propres yeux quels étaient les besoins des localités. Les routes, qui sillonnent le département, étaient alors dans un état détestable. Elles ressemblaient à ces tempéraments, usés par de longs excès qu'une cure radicale peut seul ramener à bien. Je ne parle pas des chemins vicinaux : ils n'existaient point. Même les routes de 1er et 2e classe étaient complètement défoncées à de certaines époques de l'année.

M. de Lezay mit tous ses soins à y remédier ; il fit comprendre à toutes les communes que leur bien-être agricole et industriel dépendait de leurs communications avec les centres de population. Il entraînait les maires par de chaleureuses paroles. Généreux jusqu'à la prodigalité, lorsqu'il voulait presser les travaux publics, il arrivait lui-même inopinément sur place avec des fourgons chargés de vivres. Il réunissait les notables du canton dans les banquets fraternels où le vin du cru, un peu âpre, était remplacé par le vin pétillant des rives de la Marne. Il enchantait ses convives par l'aménité de ses manières cordiales ; et les voies de communication se réparaient, s'achevaient rapidement, comme si la baguette d'une fée avait aplani leur surface raboteuse ou comblée les fondrières. En moins de trois campagnes, la viabilité départementale était restaurée et les premiers fondements de la vicinalité se trouvaient jetés. Quant à cette dernière, il était réservé à l'un de ses successeurs de la mener à bonne fin et de rendre accessibles les cantons les plus reculés du département. »

Mais Lezay-Marnésia avait devancé d'un quart de siècle les principales dispositions de la loi de mai 1836. Il avait deviné le parti énorme que l'on pouvait tirer de la prestation en nature et il en avait fait comprendre les avantages aux populations rurales du Bas-Rhin. « Ce qui est impossible aux plus grands États avec tous leurs trésors, disait-il, est possible aux moindres États avec la prestation en nature. » Et il rappelle à ce sujet les merveilles accomplies dans le Moyen Âge, lorsque les populations pieuses et dévouées élevaient les cathédrales qui font l'étonnement de leurs arrière-neveux.
Déjà, le 24 septembre 1810, il peut charger le sous-préfet de Wissembourg de remercier en son nom les cantons de Seltz, de Soultz et de Niederbronn, pour la réparation des routes : « Je dois à tous justice ; à tous elle sera rendue, mais il est des faveurs que je ne dois à personne et qui reviennent de droit à ceux qui méritent le mieux de l'administration : c'est à eux que je les réserve ».

M. de Lezay-Marnésia ne se contentait point de créer ou de réparer les routes ; il s'appliquait à les orner. Dans ses actes administratifs, la plantation d'arbres fait l'objet de nombreuses instruction et les bouquets de couronnement qui devaient, aux abords de chaque village, rappeler la solennelle intronisation de l'Empereur, figurent dans plus d'une circulaire. M. de Lezay voulait partout de la verdure et il avait raison. Les arbres forment la plus belle parure d'un pays. Depuis que les épaisses forêts d'autrefois ont disparu, il n'y a point de mal à multiplier le long des routes et autour des villages les arbres fruitiers ou forestier et les essences étrangères, qui transportent l'imagination en de lointains climats.
Les sous-préfets, jaloux de capter la bienveillance de leur chef, adoptaient ses idées qui avaient un caractère à la fois champêtre et utilitaire. Une énorme quantité d'arbres de toute nature surgit comme par enchantement sur tous les points du Bas-Rhin. Un rapport de M. Verny, sous-préfet de Wissembourg, annonce, à la date du 1er janvier 1812, que dans les derniers mois de l'année précédente, 22 000 arbres appartenant à 25 espèces différentes, ont été plantés sur toutes les routes de l'arrondissement. Et le préfet lui répond : « Vous ne pouviez m'envoyer de plus agréables étrennes. Que l'on conserve ces arbres avec le même soin et bientôt, le cultivateur bénira leur ombrage. » Un autre sous-préfet, M. Dartein, annonce le 30 du même mois que 28 000 arbres ont été plantés dans l'arrondissement de Strasbourg.

Paysans des environs de Strasbourg vers 1800
F. Helmsdorf

Betterave, tabac, pastel : les effets du blocus continental

La betterave sucrière

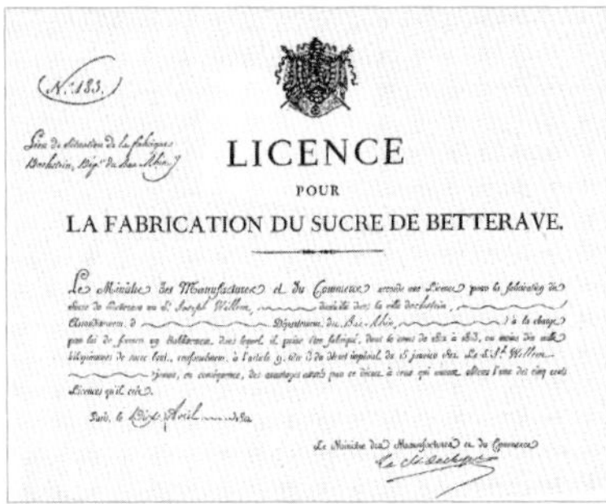
LICENCE
POUR
LA FABRICATION DU SUCRE DE BETTERAVE.

Licence accordée pour la fabrication du sucre de betterave

Après l'institution du blocus continental (1806), qui bouleverse les courants d'échanges traditionnels, l'Europe manque cruellement de sucre. Or, les recherches concernant le sucre de betterave, bien qu'en cours depuis des années, n'ont pas donné de résultats décisifs. On n'avait pas encore su sélectionner de betteraves à haute teneur, ni surtout mettre au point un procédé technique d'extraction à la fois simple et rentable. Les recherches sont accélérées et les cultures encouragées.

Les paysans ne se montrent guère hostiles à l'injonction qui leur est faite, bien qu'il faille, la première année, bouleverser le plan de culture. Tous les rapports de l'époque montrent qu'ils faisaient confiance à « leur » préfet. Il est vrai que les dispositions légales prévoient une importante compensation pour les terres enlevées aux cultures traditionnelles.

Strasbourg se lance dans l'aventure toute nouvelle de la fabrication du sucre de betterave avec l'installation d'une fabrique impériale érigée en école spéciale. Attirés par les privilèges qu'octroient les licences de fabrication, plusieurs Strasbourgeois créent leur sucrerie, mais de 18 entreprises recensées en 1809, il n'en restera que 2 utilisant au total 24 ouvriers, à la fin de l'Empire.

Le tabac

La liberté de culture et de fabrication du tabac, décrétée par la Révolution, expose l'Alsace à une concurrence très sévère. Les cultures ne cessent de régresser et la qualité du tabac alsacien devient de plus en plus médiocre.

Un décret du 29 décembre 1810 crée la Régie des tabacs et institue, pour l'ensemble du pays, le monopole de l'achat, de la fabrication et de la vente du tabac au profit de l'État. Ce dernier, désormais, autorise la culture, le contrôle, achète la totalité de la récolte dès lors qu'elle est de qualité et règle l'importance des plantations, selon ses besoins. Cette exigence de qualité portait en elle un arrêt de mort pour la production alsacienne.

FÊTES CÉLÉBRÉES
DANS LE
DÉPARTEMENT DU BAS-RHIN,
A L'OCCASION
DE LA DISTRIBUTION DES PRIX
1812 (1813) POUR
LA CULTURE DES TABACS,
EN 1812.

Distribution des prix aux planteurs de tabac Strasbourg 1812 *Arch. dép. du Bas-Rhin*

Lezay-Marnésia le comprit aussitôt avant même que les planteurs ne se rendissent compte du péril qui les menaçait. Pour ceux-ci, en effet, seuls « des bruits inquiétants circulent sur le prix auquel la Régie achèterait les tabacs », mais ils n'ont pas compris qu'au-delà de la réduction du gain immédiat se profile la ruine.

Bien que ne pouvant empêcher une régression sensible des surfaces cultivées (de 6 000 hectares en 1810, on tombe, par paliers successifs, à 2 000 hectares autorisés en 1813), Lezay-Marnésia mène un combat acharné sur deux fronts à la fois : celui des paysans et celui de la Régie. Portant tous ses efforts sur l'amélioration de la qualité, il entreprend une double action :

- le rétablissement d'un climat de confiance entre producteurs et acheteurs ; les paysans hésitent à travailler pour le monopole. Beaucoup d'entre eux sont même prêts à renoncer à une culture qu'ils ne croient plus rentable. Lezay-Marnésia demande à plusieurs reprises aux maires des communes productrices de tabac de rassurer les planteurs, de les encourager à cultiver, de leur expliquer le mécanisme de fixation des prix d'achat, de leur donner la notion du juste prix. Dans une circulaire en date du 17 janvier 1811, il écrit : « Messieurs, je suis instruit que des spéculateurs, dans la vue d'acheter à vil prix les tabacs des cultivateurs, ont cherché à leur inspirer des craintes sur les prix auxquels la Régie prendra livraison de leurs tabacs. Quoique la mauvaise foi de ces spéculateurs soit manifeste puisque, s'ils partageaient les craintes qu'ils cherchent à inspirer, ils se garderaient bien d'acheter, vous n'en mettrez pas moins vos soins à empêcher que des cultivateurs trop crédules ne donnent dans ce misérable piège. Les cultivateurs attentifs à leurs intérêts doivent donc se bien persuader que tout le tabac qui existe en feuilles ne pouvant être fabriqué désormais que par le Gouvernement, quiconque, autre que lui, cherche à le leur acheter, ne peut le faire que dans l'espoir de le lui revende plus cher et de faire le profit qu'ils auraient fait eux-mêmes s'ils le lui eussent vendu directement. » Mais, dans le même temps, il pèse aussi sur l'État, en demandant à l'administration centrale de céder sur des points qui ne sont pas de nature à compromettre le succès du monopole ;

- la formation et l'instruction des planteurs : Lezay-Marnésia ne ménage si son temps, ni sa peine, ni sa patience pour instruire, réformer, veiller à la bonne qualité de la production. En septembre 1811, il publie le *Manuel du cultivateur du tabac*, exposé complet, détaillé, illustré, de tout ce que le planteur doit savoir et faire pour récolter des feuilles de qualité et effectuer des livraisons de la manière prescrite.

Pour assurer la mise en application de l'enseignement préconisé, le préfet nomme des visiteurs, contrôleurs de cultures d'aujourd'hui dont le rôle est d'aider les planteurs, de les éclairer et de les instruire. Pour soutenir l'ardeur des planteurs et susciter une féconde émulation, le préfet institue une fête annuelle dans le style de l'époque : jeunes filles vêtues de blanc, couronnes de laurier, chants en l'honneur de la culture du tabac. Un jury de notables distribue le prix : génisses et taureaux en 1811, étalons en 1812.

PROGRAMME DES CONCOURS

Qui seront ouverts, le 3 Décembre 1812, jour de l'Anniversaire du Couronnement de S. M. l'Empereur,

ENTRE LES CULTIVATEURS DE TABAC DU DÉPARTEMENT DU BAS-RHIN.

Le Préfet du Département du Bas-Rhin, Commandant de la Légion d'honneur,

Vu l'autorisation de M. le Comte d'Empire, Grand-officier de la Légion d'honneur, Directeur général des droits réunis :

Arrête ce qui suit :

TITRE PREMIER.

Désignation des prix qui seront décernés au concours, des magasins près desquels auront lieu les concours, et des Cantons qui concourront ensemble.

Article premier.

DIX ÉTALONS NORMANDS OU MECKLENBOURGEOIS, et DEUX JUMENS POULINIÈRES

Programm der Concurse,

Welche den 3ten Dezember 1812, am Jahrestage der Krönung Sr. Maj. des Kaisers,

unter den Tabakpflanzern des Nieder-Rheinischen Departementes werden eröffnet werden.

Der Präfekt des Nieder-Rheinischen Departements, Commandant der Ehren-Legion;

Nach Ansicht der Autorisation des Herrn Reichsgrafen, Groß-Offiziers der Ehren-Legion, General-Direktors der vereinigten Gebühren;

Beschließt, was folgt:

Erster Titel.

Bezeichnung der Preise, welche bey dem Concurse zu ertheilen sind; der Magazine, bey denen die Concurse Statt haben, und der Cantone, welche mit einander um die Preise streiten werden.

Erster Artikel.

Zehn Normänder oder Mecklenburger Hengste, und zwey junge Stuten dieser beyden Arten, werden als Preise

Concours annuel des producteurs de tabac. Les récompenses sont particulièrement incitatives
Arch. dép. du Bas-Rhin

Le pastel

Afin de remplacer l'indigo que le gouvernement impérial envisage de prohiber, les préfets des deux départements alsaciens encouragent la culture du pastel, une culture qui doit se combiner avec celle de la betterave à sucre. Ici, c'est le Haut-Rhin qui obtiendra les meilleurs résultats.

On a peine à croire qu'une œuvre aussi colossale n'a pris que quatre années pour être menée à bien. Il fallait pour cela un homme exceptionnel, porté par une confiance totale du monde paysan, un véritable tour de force.

Terminons sur ce grand homme par la très belle conclusion du travail de Charles Eckert : « Adrien de Lezay-Marnésia est bien le fils de son temps : un rationaliste affamé de réformes et aussi un cœur sensible, mais d'une sensibilité d'abord caché, qui n'affleurera qu'à l'heure des premiers doutes.

Cependant, il n'est pas un fanatique. Au sortir de l'adolescence, il a déjà le sens du possible et sait discerner les conséquences proches ou lointaines d'un choix politique. Il se croit longtemps appelé à la diplomatie, mais c'est en tant qu'administrateur qu'il donnera sa pleine mesure.

Lezay avait une haute idée de sa mission. Il y a quelque chose de kantien dans sa philosophie du devoir. Malgré une santé déficiente, il s'est toujours adonné à son travail avec acharnement, sillonnant le département, recevant les doléances, analysant ou rédigeant de longs rapports. À cet égard, il est le digne successeur des grands intendants du siècle précédent. »

L'Alsace et la Grande Armée

« On voyait à Strasbourg plus de plumets que de chapeaux, plus de sabres que de cannes. »

Henri Farel

Même si Napoléon ne le désire pas, la société de l'Empire reste une société militaire. Dans son esprit d'abord, sa gloire et sa vertu, dans son spectacle également, avec ses défilés, ses parades, ses musiques et sa présence constante ; dans ses discours, enfin, par l'allure des communiqués, les impératifs du commandement, l'allure personnelle de l'autorité. Tous ces éléments sont réunis au plus haut degré à Strasbourg qui, autant et peut-être plus que la capitale où tout se meut et se dissout, vit au rythme de la guerre, du passage et de la résidence des troupes, des fournitures de toutes sortes.

Il en va de même, toutes proportions gardées, avec les places fortes, Landau, Wissembourg, Sélestat en Basse-Alsace, Huningue, Neuf-Brisach, Belfort en Haute-Alsace. En 1806, l'Alsace contient 23 000 militaires dont 6 000 à Strasbourg qui constitue en fait la seule grande garnison d'Alsace. Par ailleurs, Strasbourg et les deux départements vivent au rythme de la garde nationale et de la conscription.

Comme dans tout le pays, les Alsaciens manquent singulièrement d'enthousiasme pour avoir l'honneur de figurer dans la première et déploient des trésors d'imagination pour échapper à la seconde. Nous avons bien conscience d'écorner ici la belle image d'Épinal d'une Alsace militariste et va-t-en-guerre, du jeune Alsacien qui ne rêve que de faire campagne. Certes, l'Alsace a donné à la Révolution et à l'Empire soixante-dix généraux, chiffre considérable et inégal. Certes, le nombre des engagés volontaires, surtout dans le Bas-Rhin, est loin d'être négligeable, même durant les années cruciales. Cependant, les conscrits traînent les pieds, l'insoumission et la désertion prennent, au fil des ans, des proportions inquiétantes. Dans certaines communes, les maires ferment les yeux sur la présence de jeunes gens qui devraient être en ligne. L'Empereur a contre lui un ennemi redoutable qui ne sévit pas seulement en Alsace : les mamans.

Si l'on ajoute que l'Alsace constitue, du moins jusqu'en 1806, la base avancée des opérations militaires au-delà du Rhin, que les troupes s'y concentrent en grand nombre (treize divisions à l'automne 1805), que les réquisitions en hommes, matériels, vivres, chevaux, les contributions financières se succèdent à un rythme élevé, que les deux départements se retrouveront aux premières loges lors des invasions de 1813 et 1815, on peut trouver normal certaines réticences. Et pourtant, en dépit de tous ces sacrifices, même consentis de façon rechignée, peut-être même à cause d'eux, la légende napoléonienne s'ancre profondément et durablement en Alsace.

1. La Grande Armée en Alsace

Les garnisons

Il était inévitable que la vocation de Strasbourg comme place forte et poste avancé sur le Rhin se renforçât sous le Consulat et l'Empire. Les casernes et la citadelle ne désemplissent pas. En temps de paix, la garnison s'élevait à environ 6 000 hommes et présentait un échantillonnage complet de toutes les armes et de tous les services administratifs que comprend l'armée impériale : l'infanterie de ligne et l'infanterie légère, la cavalerie, carabiniers, dragons, chasseurs et hussards, l'artillerie à pied et montée, unités de pontonniers, de sapeurs-mineurs, de pionniers, service du train, des douanes, service de santé. Parmi ces troupes, on relève de nombreux éléments étrangers avec une nette prédominance des régiments espagnols, mais aussi la légion polonaise, l'infanterie helvétique, les cuirassiers italiens.
À ces troupes, il faut ajouter la gendarmerie nationale, Strasbourg étant le siège du 38e escadron et de la première lieutenance, la compagnie de réserve du département, 200 hommes en 1810 qui ont la garde des bâtiments publics et la garde nationale.

Dans les places fortes, Landau, Wissembourg, Sélestat, Huningue, Neuf-Brisach, Belfort, les effectifs sont évidemment plus modestes. Mais, compte tenu du fait que nous sommes en présence de petites villes, voire de bourgades, la proportion de militaires par rapport aux civils y est au moins aussi importante qu'à Strasbourg.
En plus de ces troupes maintenues sur place, voici, dès qu'une campagne s'annonce, un flot de divisions qui se répandent sur l'Alsace. De septembre à novembre 1805, à la veille de la glorieuse campagne qui aboutit à Austerlitz, les troupes de Soult cantonnent leurs quatre divisions de Landau à Wissembourg. Ney, installé à Haguenau, a réparti ses divisions entre Seltz, Bischwiller et Haguenau. Gazan est à Brumath, Oudinot à Strasbourg. La garde impériale arrive à Saverne. De Belfort, Neuf-Brisach au sud, à Sélestat, Strasbourg et Haguenau, le passage des troupes est incessant et, lorsque ce flot tumultueux franchit le Rhin, ce sont les troupes du corps de réserve de Kellermann qui viennent s'installer.

La troupe et les Alsaciens : une cohabitation souvent difficile

Une imagerie militaire des plus abondantes illustre la présence à Strasbourg des soldats de la Grande Armée. Certains auteurs ont mis l'accent sur la fraternité et la solidarité qui unissaient les défenseurs de la patrie et la ville patriote. En fait, la cohabitation d'un effectif militaire représentant près de 12 % du chiffre de la population n'allait pas sans poser de sérieux problèmes.

Les Strasbourgeois, sensibles au prestige de l'uniforme et aux accents des musiques militaires, ne boudent pas leur plaisir lors des nombreuses parades auxquelles il leur est donné d'assister. Le retour des troupes victorieuses est accueilli avec enthousiasme. Par ailleurs, compte tenu de l'importance de la garnison, la solde versée aux officiers et aux soldats représente une masse d'argent considérable dont une grande partie est remise en circulation à Strasbourg même, stimulant les activités commerciales. De leur côté, les tailleurs, chapeliers, passementiers, cordonniers voient affluer les commandes d'effets militaires. Les fournisseurs de chevaux, vivres et fourrages font des affaires d'or.
Malgré ces aspects positifs, les habitants supportent difficilement la présence permanente d'une troupe aussi nombreuse. Les problèmes les plus délicats se posent lorsqu'il s'agit de loger les troupes qui arrivent alors que les casernes sont pleines. Où loger les militaires ? En 1805, les autorités doivent loger deux mille hommes et de nombreux chevaux. On réquisitionne les appartements et les chambres disponibles jusque dans les faubourgs.
En 1813, il s'agit du double ! Les bourgeois n'apprécient guère l'intrusion dans leur vie privée de sous-officiers ou officiers quelquefois bruyants et indiscrets. L'indemnité versée, cinq centimes par nuit et par cheval, est insuffisante. Beaucoup exigent davantage, surtout de la part des officiers qui touchent des indemnités de logement. Les militaires ne l'entendent pas de cette oreille, d'où des plaintes réciproques !

La prostitution prend des proportions inquiétantes avec la concentration à Strasbourg de la foule des prostituées et souteneurs qui suivent les troupes en campagne. Les maladies vénériennes se multiplient : en 1801 près de 700 cas, plus de 10 % des effectifs de la garnison, sont en traitement à l'hôpital militaires. Les rixes, duels, dégradations d'immeubles, tapage nocturne provoquent un afflux des plaintes des civils.
À une échelle plus modeste, les mêmes problèmes se posent, les mêmes incidents éclatent dans les places fortes avec les garnisons, en ville ou à la campagne lors du bivouac des troupes.

2. La conscription

« L'impôt du sang » fut certainement la contribution la plus impopulaire aux yeux des Alsaciens. Même si, grâce au tirage au sort, beaucoup en sont exemptés, les chiffres parlent : l'Alsace fournit plus de 3 000 soldats en 1805, 4 000 en 1807. Entre 1808 et 1810, les autorités exigent près de 9 000 hommes ; en 1812-1813, 16 000 ; 9 000 pour le Bas-Rhin, 7 000 pour le Haut-Rhin.

L'exemple de Strasbourg

La participation des Strasbourgeois à l'effort de guerre du Consulat et de l'Empire est malaisée à chiffrer compte tenu de la rareté des statistiques et des réserves que leur examen nous oblige à formuler. Pour la période allant de 1803 à 1814, les dossiers de « police » et « d'affaires militaires » des archives administratives de Strasbourg donnent trois séries de chiffres : les conscrits de 20 à 21 ans, ceux qui ont été réformés, ceux qui ont été effectivement appelés au service militaires pour la levée ordinaire. Leur comparaison permet de tirer certaines conclusions, compte tenu du fait que nous ignorons tout des effectifs enrôlés lors des levées « extraordinaires », « complémentaires », « supplémentaires » qui eurent lieu aux moments critiques de la période.
Durant la période considérée, 3 936 Strasbourgeois ont été conscrits. Deux constatations s'imposent :
- le caractère pléthorique du nombre de réformés pour taille insuffisante (1,59 m), infirmités diverses, maladies, gale, teigne. Au total 39 % des conscrits ont été ainsi réformés ;
- la faible proportion du nombre des appelés au service, par rapport au nombre des conscrits : 25 % du contingent soit un sur quatre ont endossé l'uniforme (compte non tenu des levées extraordinaires).

Comment ce choix a-t-il été opéré ? L'ensemble des conscrits passait d'abord devant un jury spécial comprenant un commissaire, un médecin et cinq pères de famille ayant des fils sous les drapeaux. Ce jury se prononce sur les cas de réforme et d'exemption. Le maire procède ensuite au tirage au sort des appelés en utilisant deux roues qui servaient à tirer la loterie des enfants trouvés : dans l'une, on mettait le nom des conscrits, dans l'autre les « bons numéros » (ceux qui exemptent) et les « mauvais numéros ». Le tirage est effectué par deux « enfants de la patrie ». Les jeunes gens qui ont tiré un mauvais numéro peuvent se faire remplacer à condition de payer à leur remplaçant éventuel de 300 à 2 000 francs. Cette procédure est observée partout en Alsace.

Les Alsaciens devant la conscription

La « vocation militaire » de l'Alsace a été célébrée par de nombreux historiens qui nous montrent les jeunes recrues enthousiastes se précipiter sur les traces de Kellermann, Kléber, Rapp,

Schram, Coehorn, les plus connus des vingt-huit généraux alsaciens dont les noms sont inscrits sur l'arc de triomphe de l'Étoile. F. L'Huillier et Z. Harsany montrent, sans équivoque, que cette image idyllique réclame un certain nombre de correctifs. Il ne s'agit pas ici de nier le patriotisme ou l'esprit de sacrifice des Alsaciens en général, et des Strasbourgeois en particulier. Mais il apparaît à l'évidence que la conscription fut, de toutes les contraintes imposées par l'Empire, celle qui rencontra le plus de réticences.

Le nombre des Strasbourgeois enrôlés volontaires apparaît faible au premier abord : 13 en 1801, 53 en 1806, 74 en 1810, 95 en 1811, 97 en 1812. Mais, certaines années, il y eut plus d'engagés volontaires que de conscrits appelés au service par la levée ordinaire : 97 contre 82 en 1812. Les volontaires sont, dans la majorité des cas, des fils d'artisans dont il n'est pas aisé de cerner la situation professionnelle et, par conséquent, les motivations.

Face à la conscription, il faut bien reconnaître que les Alsaciens, qui en ont la possibilité, ont mis tout en œuvre pour y échapper. Il y a d'abord les moyens qui sont à la portée de tous, riches ou pauvres : simulation d'une maladie, de la myopie et extraction des incisives indispensables pour déchirer la cartouche. De nombreux conscrits sont réformés pour « faible constitution ».

F. L'Huillier estime qu'« un tiers des réformés se portait assez bien pour faire des soldats utiles ».

Pour ceux qui n'avaient pas la chance de tirer un bon numéro, il reste la possibilité de se faire remplacer moyennant finance. C'est la solution qu'adopte l'immense majorité des bourgeois aisés des villes cherchant, ainsi que le dit Reuss « à protéger (leurs) fils contre l'impôt du sang ». C'est le plus souvent à la campagne que les notables trouvent les remplaçants pour leurs fils. Ainsi que l'affirme Georges Weil, qui semble approuver sans réserve le système : « La bourgeoisie aisée trouva toujours dans la population rurale à des conditions très abordables, autant d'hommes qu'il lui en fallait. Dans ce pays aux familles nombreuses, beaucoup de fils de paysans préféraient les hasards et les émotions de la guerre au labeur de l'usine ou de la ferme : le remplacement devait rester pendant plus de soixante ans une institution fondamentale de la vie alsacienne. »

Cependant, après 1812, à mesure que la situation militaire de l'Empire se détériore, les remplaçants se font de plus en plus rares. Il ne reste qu'une seule solution pour échapper à la conscription : le mariage contracté avant l'appel des conscrits.

Quant à ceux qui n'ont pas réussi à se faire réformer, qui ne possèdent pas les moyens financiers pour payer un remplaçant et qui ne tiennent pas pour autant à porter l'uniforme, il ne leur reste plus qu'à refuser, à leurs risques et périls, de gagner leurs unités.

En ville, les réfractaires se recrutent parmi les artisans peu fortunés et, à la campagne, parmi les paysans pauvres qui préfèrent « le labeur de la ferme » aux « hasards et émotions de la guerre ». Le tribunal de Strasbourg eut à juger 2 cas d'insoumission en 1804, 73 en 1810, 732 en 1814, chiffres qui donnent une idée de la progression considérable du phénomène de l'insoumission auquel il faut rattacher les désertions qui croissent dans des proportions identiques.

C'est ainsi que, de 1806 à 1809, on compte 1 500 cas d'insoumission pour l'ensemble des deux départements et sans doute 1 000 cas de désertion. Ces chiffres connaissent un net accroissement les années suivantes, à tel point que l'Alsace voit arriver une colonne mobile dirigée par le général Saunier dont le rôle consiste à faire la chasse aux insoumis et aux déserteurs. Deux régions d'Alsace se distinguent tout particulièrement dans leur mauvaise volonté à l'égard de la conscription, deux régions situées aux antipodes : l'arrondissement de Wissembourg avec points névralgiques Schleital, Trimbach, Riedseltz, et l'arrondissement d'Altkirch avec Froeningue.

Dans tous ces cas de mauvaise volonté, le rôle des maires est primordial. Certains n'ont pas hésité à dissimuler des insoumis ou des déserteurs. Aussi, les préfets sévissent-ils : en janvier 1806, Desportes limoge le maire et l'adjoint de Froeningue. Dans le Bas-Rhin, la sévérité de Lezay-Marnésia porte ses fruits : au recrutement de 1812, l'arrondissement de Wissembourg se distingue pour son civisme.

Pages suivantes ■
La garde d'honneur strasbourgeoise devant le palais des Rohan en 1805
gravure de Schweitzer

E. Schweitzer

Les juifs d'Alsace et la conscription

Les juifs de Strasbourg cherchent, eux aussi, à se soustraire à la conscription. Les rapports des préfets sont unanimes pour souligner la très faible proportion de juifs mobilisés. En 1805 et 1806, 391 juifs bas-rhinois figuraient au nombre des conscrits, 299 avaient obtenu la réforme le plus souvent pour cause de gale ou de teigne. Un préfet signale même qu'ils vont jusqu'à s'inoculer la teigne pour échapper à la conscription. Le préfet Shée estime que, sur les 180 à 200 juifs conscrits chaque année, une trentaine devrait être incorporée, compte tenu des pourcentages appliqués d'ordinaire. Or, il n'en retrouve que sept ou huit sous les drapeaux.

De 1808 à 1812, les juifs n'ont pas le droit de se faire remplacer, l'empereur estimant que le séjour à l'armée les intégrerait mieux dans la communauté nationale. À partir de 1812, cependant, ils sont autorisés à fournir un remplaçant qui devait lui-même être juif.

Ainsi, les opulentes familles Moch, Ratisbonne, Lévy peuvent-elles, comme leurs concitoyens, soustraire leurs fils à la conscription, mais des considérations morales (un juif ne se vend pas) rend le recrutement de jeunes juifs pauvres, pourtant nombreux, très difficile.

L'engagement volontaire : un point fort de l'Alsace

Paradoxe apparent, alors que les jeunes Alsaciens traînent les pieds devant la conscription, nombreux sont ceux qui viennent s'engager dans les bureaux de recrutement. Pour le Bas-Rhin, on recense 100 volontaires en 1806, 223 en 1807, 110 en 1808, 195 en 1809.
Pour le Haut-Rhin : 38 en 1807, 49 en 1808, 35 en 1809, le premier fournissant ainsi presque cinq fois plus d'enrôlés que le second. Quoique Napoléon ne fût pas un chaud partisan de l'engagement volontaire : « La conscription forme des armées de citoyens ; le recrutement volontaire forme des armées de vagabonds et de mauvais sujets ». C'est parmi ces engagés que vont s'élaborer des destins militaires prestigieux et bien des carrières brillantes ont débuté par ce choix.

La garde nationale : un honneur que l'on ne se dispute pas

Avec le Consulat et l'Empire, les tâches de la garde nationale deviennent multiples et astreignantes. Les gardes doivent intervenir aussi bien lorsque la ville se vide de sa garnison que lorsqu'elle regorge de soldats. Ainsi, en 1800, le grande nombre de militaires cantonnés à Strasbourg pose des problèmes de sécurité : les plaintes des bourgeois se multiplient. Le maire demande à la garde d'assurer un service de nuit avec patrouilles. Cet ordre est fort mal reçu par les intéressés qui cherchent par tous les moyens à s'y soustraire. L'année suivante, la garnison de Strasbourg quittant précipitamment la ville, la garde nationale doit fournir 500 hommes pour le service de la citadelle et 2 500 pour la place. Vers 1810, le mécontentement est à son comble. D'une part, près de 400 hommes, employés en permanence pour assurer l'ordre public ou la garde des bâtiments officiels, voient leur vie professionnelle et familiale sérieusement perturbée. D'autre part, les « services exceptionnels » mobilisent périodiquement d'importants effectifs comme en 1806-1807 où 200 Strasbourgeois sont envoyés à Mayence pour une durée de huit mois. Nombreux, les pères de famille cherchent à se faire exempter. Devant l'afflux des plaintes, le maire Brackenhoffer dresse en 1811 une liste d'exemptions très importante. Mais le remède est pire que le mal : on restreint ainsi le réservoir humain dans lequel on puise.

C'est pourquoi, tous ceux qui en ont les moyens se font remplacer. À partir de 1811, toutes les troupes de ligne et de réserve se trouvant sur le front, la garde doit assurer tout le service de la place, ainsi que le travail de compagnie de réserve départementale. La réforme de 1812 divisant les gardes en trois « bancs d'âge » (20-26, 27-40, 41-60) ne fut pas mieux accueillie.
Le même état d'esprit règne au sein de la garde d'honneur de Strasbourg (une compagnie à cheval, deux à

pied et un corps de musique) réservée pour les visites des membres de la famille impériale et le service du palais impérial (château des Rohan). Cet honneur, réservé aux plus fortunés (qui doivent s'équiper à leurs frais), est fort peu prisé des Strasbourgeois. Tous les prétextes sont bons pour ne pas effectuer un service cependant peu astreignant. Pourquoi consentir des sacrifices financiers supplémentaires, alors que les réquisitions opèrent sur leurs fortunes des ponctions appréciables ?

Partout en Alsace, les mêmes causes produisent les mêmes effets. Jean-Pierre Baillard évoque le problème posé à la ville de Molsheim en 1806 : pour la constitution de la deuxième cohorte de la garde nationale sédentaire, domiciliée à Sélestat, Rosheim doit fournir un contingent de trente-quatre hommes. Aucun volontaire ne s'étant présenté, le conseil municipal doit procéder à une nomination d'office.

3. Les réquisitions : l'Alsace très sollicitée

Le cas de Strasbourg

Les fortes concentrations de troupes en garnison ou de passage nécessitent un approvisionnement considérable dont Strasbourg doit fournir une bonne part. Les besoins en main-d'œuvre sont fréquents. Ainsi, on réquisitionne des charrons, des charpentiers, des menuisiers, des serruriers et de nombreux bateliers qui assurent les transports ou font office de pontonniers. En 1806, trois mille manœuvres travaillent aux fortifications de Kehl.

Mais Strasbourg doit aussi fournir tous les chevaux, charrettes, bateaux qui ne lui sont pas strictement nécessaires. En 1805, les jardiniers de la Robertsau sont requis pour assurer les relais entre Strasbourg et Spire en conduisant en personne leurs propres attelages. L'année suivante, les bateliers transportent jusqu'à Mannheim et Mayence un millier d'hommes et des tonnes de matériel militaire.

Toutes ces réquisitions n'auraient peut-être pas soulevé tant de récriminations, si, d'une part, la rémunération pour les services rendus ou le matériel livré avait été d'un niveau suffisant, d'autre part si les sommes dues avaient été effectivement payées. Mais le règlement des sommes dues traîne en longueur, le gouvernement décidant, de plus, de réduire les remboursement au quart de la valeur réelle des créances. Aussi n'est-il pas surprenant que la population ait eu certaines réticences à exécuter les ordres de réquisition et ce malgré les menaces des généraux et les foudres préfectorales. Le maire Hermann sera d'ailleurs l'une des principales victimes du système des réquisitions.

C'est donc sans enthousiasme, en rechignant et en se dérobant que les Strasbourgeois ont fait face aux exigences de la conscription et de la réquisition. Tout compte fait, les efforts qui leur ont été demandés dans le cadre d'une importante place forte toujours sous pression dépassaient souvent le niveau des exigences que les autorités avaient envers d'autres villes de l'Empire. Les plaintes des préfets et même de l'Empereur, déplorant la lenteur des opérations de conscription et le manque d'esprit civique des Strasbourgeois, sont largement compensées par les éloges mérités par les bateliers, les conducteurs d'équipages et les recrues qui se sont distingués au front.

L'Alsace : la région la plus sollicitée

L'Alsace est, sans conteste, la province la plus sollicitée en France. Du 2 septembre 1805 au 7 octobre 1806, elle fournit 3 334 chevaux, 583 voitures, 1 667 charretiers. La réquisition de chevaux pèse lourdement sur l'activité agricole. Dans le canton de Wasselonne, elle concerne 238 bêtes sur un effectif de 1 265, soit un cinquième du total. Par ailleurs, toutes les localités sises au bord du Rhin doivent fournir en 1804-1805 près de 300 bateliers pour faire office de pontonniers et près de 100 bateaux destinés à l'établissement des ponts de Lauterbourg et de Spire ; 3 000 manœuvres sont réquisitionnés pour travailler aux fortifications de Kehl.

Toutes ces réquisitions ne vont pas sans quelque désordre et quelques compromissions dont les humbles sont les premiers à souffrir. Herman, le maire de Strasbourg, prend leur défense : « Lorsque l'ouvrier commandé, qui vit de son salaire, est renvoyé sans trouver du travail et qu'on lui fait perdre sa journée, qu'on renvoie les chevaux pour les faire revenir le lendemain et le surlendemain, qu'un vaguemestre négligeant ne se trouve pas sur les lieux pour recevoir et retenir les chevaux et les voitures, qu'un autre, plus coupable encore, s'entend avec un cultivateur aisé pour renvoyer ses chevaux, faut-il s'étonner si l'ouvrier ou le cultivateur témoigne de la répugnance à obtempérer ? ». Sa franchise valut au maire de Strasbourg une suspension puis sa mise à l'écart.

Le retour du grognard au chevet de sa mère
gravure populaire

L'Empereur
et la garde
d'honneur
de Strasbourg
au palais
des Rohan
Tanconville

Tanconville

◀■
Division
des grenadiers
et voltigeurs réunis
(division Oudinot)
Tanconville

■▶
Gendarmerie
de la garde
impériale à
Kaysersberg
Régamey

Gendarmerie impériale
et capitaine adjudant de place à Strasbourg
Tanconville

Le 20e régiment de chasseurs à cheval rendant les honneurs
à l'impératrice Marie-Louise au pont de Kehl le 18 mars 1810
Tanconville

Lanconville
1911

Le général Rapp et son état-major en Alsace
Régamey

Le général
de Barbanègre
commandant
de la place de
Huningue
Régamey

4. Kellermann, Lefèbvre, Rapp, Schulmeister : les symboles d'une société militaire

À toutes les époques et dans toute société se révèlent des individus représentatifs dans lesquels ces sociétés se reconnaissent. Nous avons eu l'occasion d'évoquer un certain nombre de notables et de hauts fonctionnaires. Mais ils ne sauraient représenter, à eux seuls, le microcosme alsacien de l'Empire.
Voici les gloires militaires avec Kellermann, Lefèbvre et Rapp qui, avec Kléber, disparu trop tôt, figurent les quatre évangélistes de l'épopée militaire alsacienne. Voici aussi un civil, homme de l'ombre, maître de l'intrigue, le plus remarquable de ces Alsaciens qui se sont fondus dans le paysage germanique pour servir l'Empereur, le maître espion, Charles Schulmeister. Deux Haut-Rhinois, deux Bas-Rhinois, deux catholiques (Kellermann et Lefèbvre), deux protestants (Rapp et Schulmeister), la balance est égale.

Le 19 mai 1804, Napoléon nommait 18 maréchaux d'Empire parmi lesquels deux Alsaciens François-Joseph Lefèbvre, futur duc de Dantzig et François Christophe Kellermann (1735-1820), futur duc de Valmy, grand cordon de la légion d'honneur. La carrière de ce dernier a progressé : en 1788, il était maréchal de camp. La bataille de Valmy a fait sa gloire. Il a participé aux tribulations de l'époque : appelé en 1792 au commandement de l'armée des Alpes et chargé de réduire l'insurrection lyonnaise, il a été arrêté en 1793 et reste treize mois en prison, à la Conciergerie ; remis en possession de son commandement, il a été nommé sous le Directoire, inspecteur général de l'armée de Hollande. Rallié à Napoléon, il accepte les titres de sénateur (le 2 août 1801, il est nommé président du Sénat), de duc de Valmy et le don du magnifique domaine de Johannisberg, près de Mayence. Le 16 mai 1805, il est reçu avec faste dans les riches et somptueux appartements de l'Hôtel de Ville. Franc-maçon, administrateur de l'Ordre de France, il exhorte le 3 mai les membres de la Concorde, la loge de Strasbourg : « Acceptez une soumission sans bornes à notre Auguste Empereur et Frère, Napoléon le Grand ». Quand Kellermann est nommé commandant des gardes nationales du Haut- et du Bas-Rhin, il établit son quartier général à Strasbourg en 1805. Le 25 mars 1807, honneurs et parades lui sont réservés : troupes d'infanterie sur la place d'Armes, troupes à cheval sur la place Broglie. C'est à lui que l'on fait appel au moment du changement de régime, en mai 1814 et des hésitations de l'armée. Promu gouverneur de la 5e division militaire, pair de France, il lance le 8 juillet un appel à la modération et à la discipline : « Le règne d'un prince bon, juste éclairé et la paix annonce à la France une longue suite d'heureux jours, ardemment souhaités après vingt années de privations, de sacrifices et d'orages ». Et le 13 juillet, un Avis aux militaires français prisonniers de guerre, rentrant en France : « Soldats, rendez-vous à l'évidence. Soyez soumis autant que courageux... Servez bien le Roi et la patrie. »
Il est l'homme de « la » ou « des » transitions : il a alors 80 ans. Son successeur, Suchet, arrive le 26 novembre. Il demeurera sans fonctions pendant les Cent-Jours et sera confirmé pair à titre héréditaire le 19 août 1815. Noble figure de soldat s'il en faut, « par ses manières assez triviales, son accent alsacien, son avarice devenue proverbiale, au demeurant un excellent homme », il est populaire et représentatif de tout un passé en prise directe sur le présent et l'avenir de Strasbourg.

Camarade de promotion de Kellermann, François-Joseph Lefèbvre, natif de Rouffach, s'enrôle à 18 ans dans les gardes françaises. Il est sergent quand éclate la Révolution. La même année, il devient lieutenant instructeur d'un bataillon de la garde nationale.
Il entre dans l'Histoire le 18 avril 1791 où il est chargé de protéger la famille royale bloquée dans une voiture dans la cour des Tuileries par la populace déchaînée. Il est d'ailleurs blessé au cours de l'algarade. En 1792, il est capitaine au 13e bataillon d'infanterie légère et intervient à nouveau dans la destinée de la famille royale en organisant en sous-main la fuite des tantes du roi pour Rome. Il est général de brigade à l'armée de Moselle en décembre 1793 et ne cesse de faire brillamment campagne jusqu'en 1799 où il est blessé à la bataille d'Ostrach. Général de division depuis 1794,

il est nommé commandant de la 17e division militaire de Paris. Il est une troisième fois l'instrument du destin. C'est lui qui, le 19 brumaire an VIII (1799), pénètre à la tête d'un groupe de vingt-cinq hommes à l'Orangerie où siège le conseil des Cinq-Cents et en sort Lucien Bonaparte en grand danger d'être molesté. Vient alors le déroulement normal du cursus : sénateur en 1800, maréchal de France en 1804. À partir de 1806, il est de toutes les batailles avec la garde à pied. En 1807, à la tête d'une troupe de 16 000 hommes composée de Français, de Polonais, de Saxons et de Badois, stimulés par les injures et les jurons bilingues de leur chef, il prend Dantzig après 51 jours de siège et devient duc de Dantzig. On le retrouve en Espagne, en Autriche où il soumet le Tyrol insurgé à la tête de l'armée bavaroise. Durant la campagne de Russie, il commande en chef la Vieille Garde. Il se rallie, comme Kellermann, à Louis XVIII qui le nomme pair de France à la chute de Napoléon. Comme lui, il lui revient durant les Cent-Jours. Après une courte période de disgrâce, il conserve le maréchalat et la pairie. Comme Kellermann, il est membre des loges maçonniques.

Jean Rapp, né à Colmar en 1772, n'a que 16 ans lorsqu'il opte pour la carrière militaire en s'engageant dans le régiment des Cévennes qui est cantonné tout près de sa ville natale, à Ostheim. Remarqué par son intelligence et sa bravoure qui lui vaut deux blessures, il devient l'aide de camp de Desaix qui le mène du siège du fort de Kehl, en Italie, d'Italie en Égypte où il prend d'assaut l'artillerie ottomane à la bataille de Sediman. Il est colonel lorsqu'il quitte l'Égypte, après avoir conduit les négociations en vue de l'évacuation et devient aide de camp de Bonaparte. Général de brigade en 1803, il fait, deux ans plus tard, un riche mariage qui assoit sa fortune. À Austerlitz, il est blessé en mettant en déroute la cavalerie de la garde impériale russe, les « chevaliers gardes » d'Alexandre, tous officiers nobles. Le Colmarien entre dans l'Histoire grâce au tableau de Gérard où on le voit offrant à l'Empereur les drapeaux pris à l'ennemi.
Fait général de division au soir de la bataille, il prend en 1806 le commandement de la 5e division militaire à Strasbourg. Il combat à Iéna, est nommé gouverneur général de Dantzig (1807), comte d'Empire (1809). À Smolensk en 1812, il sauve la vie de l'Empereur en repoussant un raid de cosaques. Après la Bérézina, il retrouve Dantzig où il commande le 10e corps d'armée. Il doit capituler en 1813 et demeure huit mois en captivité à Kiev. Comme Kellermann, comme Lefèbvre, il se rallie à Louis XVIII ; comme eux, il revient à Napoléon qu'il était pourtant chargé d'arrêter. Pour les derniers combats après Waterloo, il commande l'armée du Rhin et, avec le titre de gouverneur d'Alsace, exerce le commandement militaire de Strasbourg.
Comme Lefèbvre, à l'issue d'une courte période de disgrâce, il retrouve son crédit auprès de Louis XVIII qui le nomme pair de France (1819) et premier chambellan (1820).

Avec Charles Schulmeister, « monsieur Charles », nous entrons dans le domaine du secret et de l'intrigue. Ce Badois, Strasbourgeois d'adoption, fils de pasteur, se lance très tôt dans la contrebande, dissimulant ses activités illicites sous le couvert de commerces (fer puis épicerie) parfaitement légaux. Depuis Neu-Freistett, il rayonne sur toute l'Allemagne, créant un vaste réseau de contrebande en dépit des services des douanes. Il excelle dans le déguisement, connaît parfaitement le pays et son réseau de communications. Il vient s'installer à Strasbourg ayant probablement eu des démêlés avec la justice badoise et donne à son activité de contrebandier une dimension exceptionnelle.
Ayant rencontré à plusieurs reprises le général Savary, il entre plus au moins à son service et commence sa carrière d'espion en 1805. Son premier chef-d'œuvre est d'infiltrer le service de renseignement du général Mack, retranché à Ulm, et de désinformer son état-major, au point d'obtenir, sans coup férir, la capitulation de la place (octobre 1805).
Il s'infiltre ensuite dans l'entourage du général russe Koutousov, est reconnu, échappe de peu à la pendaison, s'évade et gagne Vienne où, à l'arrivée des troupes françaises victorieuses, devient commissaire de police de sûreté. Il est par la suite tour à tour préfet de police de Koenigsberg, à nouveau commissaire de police à Vienne et directeur de la sûreté lors de l'entrevue d'Erfurt. Parfaitement renseigné, capable d'anticiper et d'improviser, il est tenu en haute estime par Napoléon auquel il demeure fidèle jusqu'au bout.
À la chute de l'Empire, c'est la ruée des polices. Étroitement surveillé par la police française, il est activement recherché par les Russes, les Autrichiens et les Prussiens qui l'arrêtent et le détiennent durant quelques mois. L'Empire a fait sa fortune et il mène grand train à la Meinau, au domaine de la Canardière ou à Boissy-Saint-Léger, dans l'ancienne résidence du maréchal de Saxe. Son déclin financier accompagne sa disgrâce politique et il finit ses jours dans une maison de la place Broglie à Strasbourg.

VI

Les Alsaciens et Napoléon : adhésion et opposition

« La conduite de quelques misérables qui s'étaient démasqués par leur conduite antérieure et qu'il faut considérer comme étrangers à votre département n'altérera point la bonne opinion que le gouvernement a conçu depuis longtemps des habitants du Bas-Rhin. »

Bonaparte - 25 mars 1804

Sortant du régime décrié, parfois injustement, du Directoire, les Alsaciens, las jusqu'à l'écœurement de l'incurie du gouvernement et du désordre qu'elle engendre, ne pouvaient qu'accueillir favorablement Bonaparte et la remise en ordre qu'il incarnait. Méfiants et lents à s'émouvoir (une disposition d'esprit atavique), ils sont d'abord partagés entre indifférence et résignation mais, découvrant que le nouvel homme providentiel leur apporte progressivement l'ordre, la cohésion et l'apaisement, ils adhèrent très majoritairement à l'ordre nouveau.

Cependant, en attendant que Bonaparte apporte une solution apaisante à l'ensemble des problèmes qui se posent, on note un certain nombre de soubresauts, tout particulièrement de Haguenau à Wissembourg, le territoire de la « grande fuite » de 1793 où le paysan qui, dans la panique, avait suivi les troupes de Wurmser en retraite trouve sa ferme occupée par un autre ; le boulanger de Wissembourg son fournil entre les mains d'un autre. Par ailleurs, nous avons vu que la fermentation religieuse atteint, jusqu'à la promulgation du Concordat, de dangereux sommets entre catholiques, gallicans et ultramontains, catholiques et protestants, entre chrétiens et juifs.

Les réponses données par Bonaparte, puis par Napoléon, finissent par désamorcer les crises, la prospérité économique due au blocus est appréciée à sa juste valeur, la sensation de sécurité, maintenant que la rive droite du Rhin est entièrement française, est pleinement savourée.

Mais, à partir de 1811, la crise économique, les effets fâcheux de la conscription, des réquisitions et de la fiscalité, l'indignation des catholiques ultramontains devant le traitement que Napoléon fait subir à Pie VII, les bruits de bottes qui se rapprochent, une lassitude certaine s'empare des Alsaciens, lassitude qui ne les empêchera pas de faire preuve de détermination, de courage et de patriotisme lors des invasions de 1813 et de 1815.

1. Le Consulat : les derniers soubresauts

On relève, jusqu'en 1804, un certain nombre de gestes de mauvaise humeur, de tentatives de résistance à l'ordre napoléonien, qu'on ne saurait en aucun cas qualifier d'opposition, car, dans tous les problèmes qui se posent, on ne note aucune tentative d'organisation des mécontentements.

Le sacre vu par l'almanach alsacien *Hinkende bote am Rhein* (1806)

L'affaire de la *Chronik der Franken*

À son arrivée à Strasbourg, le premier préfet du Bas-Rhin, Laumond, se trouve confronté à un certain nombre d'organes de presse hérités de la Révolution et tout particulièrement la *Chronik der Franken* (*Chronique des Francs*) de Christophe Frédéric Cotta. Ce Souabe, installé à Strasbourg en 1791, avait déployé aux côtés d'Euloge Schneider une grande activité au club des Jacobins. Il avait fondé un premier journal *Strassburgisches politisches Journal für Erklärung und Warheit* (*Journal politique strasbourgeois d'explication et de vérité*). Ayant échappé de justesse à la guillotine, on le retrouve en 1800 à Strasbourg où il publie la *Chronik der Franken*.

Dans les colonnes de cette feuille, il jette de l'huile sur le feu, annonçant aux acquéreurs de biens nationaux qu'il leur faudrait bientôt rendre gorge. Pour appuyer ses dires, il cite le cas du maire de Lauterbourg qui, devant les acquéreurs de sa commune réunis, leur aurait

conseillé « ... de s'arranger à l'amiable avec les ci-devants propriétaires desdits biens, vu qu'ils devraient s'attendre à l'annulation de leurs acquisitions ».
Laumond, qui ne parle pas l'allemand, se fait traduire les articles incriminés et découvre qu'il est lui-même mis en cause, étant accusé de « faire le jeu de Rohan et de tous ses sectateurs ».
Sans vouloir exagérer l'impact du journal, il exerce cependant une influence sur certains esprits. Les sous-préfets se font l'écho de mécontentements qui, en rumeurs, parviennent jusqu'à eux. Ici, on est mécontent du choix du maire, là des prêtres s'agitent, ailleurs, des spéculateurs qui ont accaparé les biens nationaux, mis en demeure d'en acquitter le prix, font preuve de mauvais esprit. Les rumeurs les plus folles sont colportées : le 22 thermidor an VIII (1800), Laumond écrit au ministre de l'Intérieur : « Il n'y avait pas trois jours que j'étais arrivé à mon poste que, déjà, on répandait le bruit de mon arrestation ».

Le préfet ayant interdit la parution de la *Chronique des Francs*, Cotta s'incline, se retire à Wissembourg, mais passe le flambeau à son ami Jean Frédéric Proesamlé, lui aussi ancien compagnon de route d'Euloge Schneider. Celui-ci renonce à la *Chronique des Francs* et publie le *Mercure français* que Laumond interdit, même si Fouché était prêt à le laisser paraître, sous certaines conditions.

Malaises dans l'arrondissement de Wissembourg

L'arrondissement de Wissembourg a été l'un des plus touchés par le phénomène de la « grande fuite », se trouvant vers 1800 dans une situation inextricable avec le retour des émigrés à qui l'on avait confisqué et vendu en grande partie leurs biens. Il n'est donc pas anormal qu'on y trouve plus de sujets de mécontentements et plus de signes d'agitation qu'ailleurs. Ces mécontentements se font jour à travers quelques personnalités locales. Voici Jean Gaspard Boell, avocat puis magistrat, président du tribunal à Wissembourg de 1796 à 1803. Député au conseil des Cinq-Cents, il s'était opposé au coup d'État du 18 brumaire et avait été du nombre de ceux qui, enjambant les fenêtres de l'Orangerie, avaient fui devant les grenadiers de Murat. Conseiller général de 1800 à 1803, il n'hésite pas à dénoncer au ministre de la Justice l'attitude de Laumond à qui il reproche d'avoir confié sept communes de l'arrondissement à des maires ou des adjoints anciens émigrés : Dremmelbach, Steinfeld, Schleithal, Salmbach, Doerrenbach, Steinseltz et Altenstadt.
Quels vont être, dans les sept villages concernés, les liens entre la municipalité et les acquéreurs de biens nationaux ? demande une pétition signée « Heisch ». Il manifeste son opposition par son absence à la session du conseil général de thermidor, refuse d'aller assister à Paris à la fête du 1er vendémiaire an IX (1801). Boell marque par la suite une violente opposition à l'établissement du consulat à vie, ce qui lui vaudra dix mois de détention à la citadelle de Strasbourg et la démission de toutes ses charges.
Son collègue au tribunal de Wissembourg, André Meyer, révolutionnaire bon teint, manifeste son opposition à Bonaparte à tel point qu'il fut, lui aussi, incarcéré à la citadelle pour sept mois.
Face à ces tenants du jacobinisme se dressent des notables royalistes comme le juge de paix de Seltz, Jean-Michel Mahler. Circonstance aggravante, Boell et Meyer sont protestants, Mahler, catholique, et entraînent derrière eux les deux communautés engluées dans leurs querelles.
Signalons enfin pour la Basse-Alsace une certaine agitation, révélée par le chef de la police Charles Popp, à Haguenau, où un parti « jacobin » dénonce les « valets de Bonaparte ».

Les problèmes du Haut-Rhin

Comme son collègue, Harmand, le préfet du Haut-Rhin nourrit quelques soucis. À Altkirch persiste un noyau républicain centré sur Joseph Bruat, ancien législateur puis accusateur public au tribunal criminel de l'armée du Rhin à Strasbourg et représentant en mission en Meurthe et en Moselle, Jean-Jacques Rapinat, beau-frère de Reubell, et François Louis Bian, maire d'Altkirch de 1792 à 1795 et conseiller général du Haut-Rhin de 1800 à 1841. Bian était, et de loin, le plus virulent des trois, puisqu'il se permet de prononcer devant le préfet lui-même les menaces suivantes : « Le Premier Consul n'en était pas moins un usurpateur

et que, s'il avait échappé au poignard des républicains, il n'échapperait pas à l'union de leurs moyens et que, dans le cours de l'hiver, ils lui donneraient de la tablature ».
À l'opposé, le préfet signale que le conseil municipal de Staffelfelden manifeste des tendances royalistes, stigmatise le mauvais état d'esprit du canton de Ferrette. Des incidents éclatent à Gueberschwihr où l'ancien prévôt ameute la population contre des gendarmes. À Colmar, le commissaire de police signale le retour d'émigrés hostiles ; à Landser, les libelles contre Bonaparte, imprimés en allemand et introduits par la Suisse.

L'enlèvement du duc d'Enghien : Rhinau, bastion royaliste

La malheureuse affaire de l'enlèvement du duc d'Enghien met en lumière la cité de Rhinau et la personnalité de deux frères, Simon et Jean-Antoine Roesch. Déjà, en 1792, Rhinau avait la réputation d'être un bastion du royalisme. Les émigrés et les prêtres réfractaires trouvent toute la facilité possible de passer et de repasser le Rhin du côté de Rhinau, surtout au moulin dont les propriétaires, de concert avec les brigades de garde-douanes composées en partie d'habitants d'Obernai et de Molsheim, sont absolument vendus aux ennemis de la République.
En 1801, l'ancien agent national et notaire Simon Roesch devient maire de Rhinau. Ce fervent royaliste avait réussi à éviter l'arrestation. Il prend en main les destinées de sa commune sans renier ses convictions et va se trouver au cœur du drame que fut l'enlèvement du duc d'Enghien à Ettenheim.
En cette année 1804, année du couronnement, Rhinau va se trouver au cœur de l'une des affaires les plus rocambolesques et des plus regrettables du Consulat. Espion au service de Fouché, Méhée de la Touche a été chargé de surveiller les menées des agents anglais sur la rive droite du Rhin. En février 1804, il est à Offenbourg au contact des royalistes émigrés. Il envoie depuis Strasbourg un rapport alarmant, considérablement grossi. Il dénonce, en les exagérant singulièrement, le nombre des émigrés, leurs relations avec les royalistes d'Alsace, leurs agissements et leurs espérances. Incidemment, il signale, à quelques lieues de là, dans la petite ville d'Ettenheim, presque au bord du Rhin, la présence du duc d'Enghien, le petit-fils du prince de Condé. C'est pour Bonaparte un trait de lumière.
D'urgence, il réclame des renseignements complémentaires. Dans son rapport du 6 mars, le préfet du Bas-Rhin Shée complète les indications données par Méhée et déjà confirmées (le 29 février) par le général Laval, commandant la division militaire, et le commissaire général de police. Non seulement, il est exact que le duc d'Enghien réside à Ettenheim, mais, auprès de lui, il y a Dumouriez en personne et un commissaire anglais récemment venu de Londres, le colonel Smith, qui évidemment correspondait avec Drake. Le rassemblement d'émigrés à Offenbourg est considérable et le duc est déjà venu plusieurs fois en secret à Strasbourg. Talleyrand rappelle que, deux mois auparavant, le duc poussa la témérité jusqu'à demander à passer en Angleterre pour y prendre du service, en faisant route par la France. Aucun doute n'est possible, le prince que les conjurés attendaient n'est autre que le duc d'Enghien.
Le 10 mars, un conseil privé réunit les trois consuls, le grand juge, Talleyrand et Fouché. Fallait-il s'emparer du prince conspirateur ? Regnier expose les preuves de sa culpabilité. Talleyrand et Fouché se prononcent pour l'affirmative, Cambacérès pour la négative ; Lebrun ne dit rien de précis, à son ordinaire. Bonaparte conclut pour l'enlèvement et dicte aussitôt les ordres nécessaires. Deux petites expéditions, commandées par les généraux Ordener et Caulaincourt, le premier contre Ettenheim, le second contre Offenbourg, doivent s'emparer du duc, de Dumouriez et des émigrés.
Le 14 mars 1804, vers 21 heures, une troupe composée de 300 dragons, 15 pionniers et 3 brigades de gendarmerie entre à Rhinau. Immédiatement, le maire Simon Roesch devine qu'on en veut au duc d'Enghien. Fervent catholique et royaliste convaincu, il connaît le duc et demeure constamment en relation avec lui par l'intermédiaire de son frère François qui réside souvent à Ettenheim. En fait, il semble que l'on connaissait bien le duc à Rhinau puisque les bateliers lui avaient fait traverser le Rhin pour qu'il pût rendre visite à sa cousine, maîtresse et fiancée Charlotte de Rohan-Rochefort, nièce du cardinal de Rohan-Guéménée à Westhouse.

Le maire envoie son frère auprès du duc pour lui recommander de se mettre à l'abri, avertissement dont il ne tient aucun compte. Et c'est ainsi que le duc est arrêté, conduit à Kappel où on lui fait franchir le Rhin jusqu'à Rhinau. La tradition veut qu'il fût attaché un moment à la colonne d'angle du corps de garde qui prit le nom de « duc d'Enghien Pfoschte ».

Le duc est conduit à pied à Boofzheim puis à Paris *via* Strasbourg. Entre-temps, les papiers saisis à Ettenheim et les rapports de l'expédition parviennent à Bonaparte (15, 17 et 19 mars). Tout annonce qu'on s'était trompé. Le duc ne conspirait contre personne. Rien n'indiquait avec certitude que le duc se fût jamais rendu à Strasbourg en cachette et il avait demandé à passer en Angleterre, non par la France, mais par l'Autriche. Il vivait très paisiblement à Ettenheim. Il avait auprès de lui, non pas Dumouriez, mais le vieux marquis de Thumery, dont le nom, estropié par les gosiers germaniques, avait été mal transmis. Enfin, Schmitt et non Smith, venait de Fribourg et non de Londres ; c'était un ancien officier de Condé et non un colonel anglais.
Le soufflé monté par Méhée s'est aussi pitoyablement affaissé, ce qui n'empêche pas que le duc d'Enghien, sommairement jugé et condamné, est passé par les armes le 21 mars 1804.

Simon Roesch demeure maire de Rhinau jusqu'en 1806, année où il est destitué par le pouvoir impérial qui avait la rancune tenace. Nous le retrouverons sous-préfet de Sélestat dès la chute de l'Empereur, une preuve que les royalistes n'avaient pas oublié sa fidélité à leur cause. En 1818, son frère François Antoine est nommé maire de Rhinau. Il était chevalier de Saint-Louis, chef d'escadron et capitaine commandant de gendarmerie. À la chute de Charles X, après avoir accompagné la famille royale à Cherbourg d'où elle partait en exil, le colonel Roesch entre, avec son fils, dans l'armée autrichienne.
L'arrestation du duc d'Enghien donne le signal d'un vaste coup de filet contre les royalistes d'Alsace. À Strasbourg, on arrête le général François Antoine Desnoyers qui venait de rentrer de Varsovie où il avait été reçu en audience par le comte de Provence, futur Louis XVIII. Ce Strasbourgeois n'est libéré qu'en 1811 pour être à nouveau arrêté et emprisonné, accusé de complicité avec le général Mallet. On arrête aussi Marie Éléonore Cécile de Boecklin, veuve de François baron de Reich de Platz. Elle passe vingt-cinq mois à la prison du Temple et, à sa libération, est déclarée interdite de séjour à Strasbourg. Au grand dam du préfet du Haut-Rhin, Desportes, elle décide d'aller s'installer à Rouffach. Devant le refus du préfet, elle part rejoindre ses sœurs à Épinal.
Dans le Haut-Rhin, Desportes resserre la surveillance autour de François Xavier Chambé, natif d'Ensisheim, juge de paix, membre du conseil des Cinq-Cents et du corps législatif dont il est exclu comme royaliste après le coup d'État du 18 fructidor (1797). Il est arrêté la même année pour correspondance avec l'étranger. Les frères Binninger de Colmar sont arrêtés eux aussi. Anciens émigrés, ils continuent de correspondre avec la rive droite du Rhin.
En définitive, ces accès de mécontentements ne constituent que des incidents isolés et ne doivent pas donner l'illusion que l'Alsace s'oppose au Consulat et à l'Empire. Tous les plébiscites le démontrent, chaque fois que le Premier Consul et l'Empereur les questionnent, les Alsaciens répondent positivement à une large majorité.
Par ailleurs, les arrestations du général Dunoyer ou de la baronne de Reich ne trouvèrent aucun écho au sein de la population. Même la très scabreuse expédition destinée à capturer le duc d'Enghien souleva peu d'émotion.

Les scrutins parlent

En dépit de quelques regrets, de quelques réticences, le Concordat a été très bien accueilli en Alsace où le problème religieux s'avère primordial du fait d'une multiconfessionnalité qu'on ne retrouve nulle part en France, même dans le midi protestant. On s'en rend compte lorsqu'on examine les résultats du plébiscite sur le consulat à vie.

C'est dans les arrondissements de Wissembourg et de Saverne, ceux où la tension religieuse était la plus forte, qu'il y a une forte majorité de votes positifs (plus de 78 % à Wissembourg, près de 85 % à Saverne). Au total, plus de 85 000 électeurs sont allés voter, chiffre considérable si l'on tient compte du fait que les ouvriers journaliers répugnent à quitter leur travail pour aller voter. Dans tout le département du Bas-Rhin, il n'y a que 55 votes négatifs. Strasbourg enregistre le taux le plus bas : 65 %.
Le Haut-Rhin est encore plus enthousiaste, sur 78 000 votants, on ne trouve que 42 votes négatifs, plus de 90 % à Porrentruy et de très bons résultats à Colmar, Mulhouse, Altkirch, Belfort.

Lors de la consultation de l'an XII (1804) demandant l'approbation de l'établissement de l'Empire et de la nouvelle constitution, les résultats alsaciens marquent un certain tassement dans la participation et dans la détermination. Près de 164 000 Alsaciens avaient voté précédemment. Ils ne sont plus que 129 000 et les votes négatifs ont augmenté de 37 % : 101 contre 97. Le Haut-Rhin a été plus enthousiaste que le Bas-Rhin et, malgré ces petites réserves, les préfets sont fort satisfaits du vote des Alsaciens.

Par ailleurs, les témoignages spontanés d'adhésion au régime sont fréquents et proviennent de l'ensemble de la région. Les autorités ne s'y trompent pas et Bonaparte lui-même donne en 1804 ce satisfecit à la capitale alsacienne : « Je suis très content de la ville de Strasbourg et je vous autorise à le dire à votre retour ».

2. Le contrôle de l'opinion publique

Le retour de l'ordre, l'établissement de la stabilité politique, la prospérité économique ne vont pas sans quelques sacrifices consentis au niveau des libertés.
La police tient le haut du pavé et la censure s'exerce dans tous les moyens d'expression.

De la crise de l'impression à la bonne santé du livre

Contrecoup de la Révolution ou omniprésence de la censure, l'impression strasbourgeoise se porte mal. L'entreprise Levrault, de loin la plus importante, et, dont le propriétaire est un notable du régime, en est réduit à laisser la moitié de ses presses au repos et à se consacrer à l'impression de la paperasserie officielle pour les administrations et quelques ouvrages de médecine. Les maisons Exter et Heitz se consacrent prudemment à l'édition des ouvrages classiques, Dannbach travaille pour la mairie et édite *Les Affiches du Bas-Rhin* alors que Silbermann, qui travaille pour la sous-préfecture de Sélestat, édite le *Messager Boiteux*, le *Courrier de Strasbourg* et la *Feuille hebdomadaire du Bas-Rhin.*

La librairie, en revanche, maintient ses positions et même, grâce à l'agrégation progressive des trois quarts de l'Europe à l'Empire, les améliore. Strasbourg est, plus que jamais, la plaque tournante d'un commerce de librairie à double détente : entrée des ouvrages de littérature allemande et des œuvres classiques, sortie, à destination de la Suisse et de l'Allemagne, des ouvrages en français.

Une presse peau de chagrin aux ordres

À Strasbourg, après la véritable explosion journalistique de la Révolution qui vit naître et disparaître près de deux douzaines de titres, la presse du Consulat et de l'Empire est réduite à trois titres. *Les Affiches de Strasbourg*, simple feuille d'annonces et la *Feuille hebdomadaire*, sorte de journal officiel n'entrant pas dans le cadre de la presse d'information ; le *Courrier du Bas-Rhin* est en fait le seul journal que strasbourgeois et bas-rhinois puissent lire.

Feuille bilingue paraissant trois fois par semaine, le *Courrier* présente à ses 931 abonnés les nouvelles françaises et étrangères. Saltzmann, son fondateur, met un point d'honneur à reproduire dans les délais plus brefs les articles les plus significatifs des journaux étrangers qu'il se fait adresser, malgré les foudres de la censure. Dès l'origine, Saltzmann croit déceler une certaine hostilité de la part des autorités à son égard. A-t-on des doutes sur la sincérité de l'adhésion au régime de ce grand bourgeois protestant ?

En 1807, Fouché fait suspendre la parution du *Courrier* sans en donner la raison. Après maintes démarches, Saltzmann découvre qu'un concurrent (Le Roux ?) cherche à établir une feuille entièrement française et qui, instrument de francisation de l'Alsace, aurait le soutien des autorités. Après avoir fait valoir que, étant donné les progrès très lents du français dans les campagnes et même en ville, et le fait que le *Courrier* était lu outre-Rhin, il serait illogique d'imposer aux Alsaciens et aux Badois un journal qu'ils ne pourraient pas lire, Saltzmann obtient la levée de la suspension. En août 1810, les journaux sont placés sous l'autorité du préfet qui n'en laisse subsister qu'un par département. Telle qu'elle a été modelée par la censure, la presse strasbourgeoise devenue « service public » ne peut faire connaître les sentiments de la population et les manifestations d'opposition, s'il y en a eu. Presse officielle édulcorée, porte-drapeau du régime, elle est loin d'avoir la saveur et la vivacité de sa devancière.

Dans le domaine de la presse comme dans celui du livre, Strasbourg détient un quasi-monopole. Ainsi que l'affirme François Baudelier : « Parler de la presse en Alsace, c'est forcément reconnaître la domination de Strasbourg dans le commerce du livre et du périodique. Strasbourg, ville d'Empire, un des pôles de l'édition rhénane, fit paraître une gazette bien antérieurement à celle de Renaudot. Le plus ancien exemplaire de sa *Relation* qui nous soit parvenu date de 1609.
À l'époque napoléonienne encore, seul le *Courrier du Bas-Rhin* pouvait rivaliser avec les journaux parisiens et allemands et partager avec eux l'information d'une clientèle restreinte, mais de qualité. Par ailleurs, dans le temps où les périodiques alsaciens devenaient bilingues, les imprimeurs-libraires strasbourgeois s'étaient réservé le marché du livre français en pays germanique par la publication des nouveaux codes et des *Bulletins de la Grande Armée* ».
« Cependant, la réforme administrative de l'an VIII (1800) qui voit le Haut-Rhin intégrer le département du Mont-Terrible, détermine le préfet Noël à créer un journal de préfecture : le *Messager du Haut-Rhin* (*Der Oberrheinische Bote*). Le premier numéro date du 5 messidor an IX (24 juin 1801). Publié sur huit pages (in-quarto 21 x 27 cm), ce périodique bilingue sortit en principe le quintidi de chaque décade, en réalité bien souvent avec retard, de l'imprimerie Jean-Henri Decker & Fils. Il réservait la colonne de gauche au texte français, celle de droite à la traduction allemande. Puis, dès la deuxième année, le *Messager* fut imprimé sur quatre pages. Des suppléments, qui étaient apparus dès la deuxième année, doublaient ou parfois triplaient la surface imprimée, si bien que bon an mal an, le *Messager* formait un volume de 400 à 450 pages. En 1806, année du rétablissement du calendrier grégorien, on reprit la numérotation à « un » le jeudi 2 janvier. L'année suivante, l'indexation du périodique fut rendue plus facile par la pagination continue des numéros.
L'obligation signifiée aux maires d'en acquitter le montant valut au *Messager* plus de 600 abonnés dès la première année. Tiré à 950 exemplaires à la fin de l'Empire, cet hebdomadaire, qui avait pris le nom de *Journal du département du Haut-Rhin* depuis le 1er janvier 1812, avouait à peine 50 abonnements de particuliers » (F. Bandelier).
Des presses de l'imprimerie Decker sortent aussi des feuilles d'annonce *(Colmarer Anzeige und Künste Journal)*. À Porrentruy paraît, en français, le *Journal hebdomadaire*, à Belfort, le *Journal judiciaire de Belfort*, à Altkirch, le *Journal hebdomadaire d'Altkirch*.
Après 1810, les seuls journaux conservés de la presse haut-rhinoise sont le *Messager du Haut-Rhin* et le *Journal de jurisprudence* à Colmar, le *Journal hebdomadaire d'Altkirch*. Le 8 février 1812 paraît le premier numéro des *Affiches de Mulhouse* (*Müllhauser Anzeigen*).

Le théâtre : médiocrité et affrontements

À la sortie de la tourmente révolutionnaire, Strasbourg dispose de deux salles de spectacle assez médiocres : la salle de la place Broglie (Théâtre français), qui disparaît dans un incendie en 1800, et la salle des Drapiers ou « Théâtre allemand ». Une nouvelle salle est aménagée dans l'église Saint-Étienne au début de l'Empire. L'actuel théâtre de la place Broglie, dont la construction traîne en longueur, ne sera achevé qu'en 1821.
Le théâtre d'expression française a beaucoup de mal à s'imposer. La fréquentation de ces spectacles est très faible et se réduit aux soldats et aux officiers de la garnison qui y mènent grand tapage. Le problème de la survie du théâtre français préoccupe les autorités qui imposent, en 1806, une direction théâtrale mixte, franco-allemande, et demandent qu'on privilégie les spectacles en français. Sans grands résultats !
Les partisans du théâtre allemand, fanatisés par les menaces qui pèsent sur leurs spectacles préférés, en viennent à molester les spectateurs qui osent échanger leurs impressions en français. Le commissaire Popp signale au gouvernement les menées d'un « parti anti-français » qui se manifesteraient au cours des séances. En 1808, le préfet Shée, suivant les directives gouvernementales, supprime le théâtre en allemand en tant qu'institution permanente. Plus conciliant, son successeur, Lezay-Marnésia, autorise des troupes de passage à jouer en allemand.
Le répertoire des pièces jouées par les acteurs du

théâtre français porte lui aussi l'empreinte de l'orientation du régime : opéra-bouffe pour la détente, tragédies classiques (expurgées) pour l'édification, pièces patriotiques pour la communion. Même Racine et Corneille ont des démêlés avec la censure. Toutes les allusions à la tyrannie et au régicide sont soigneusement éliminées.

3. La fête impériale

Les Strasbourgeois se trouvent aux premières loges de la fête impériale. Peu de cités reçurent aussi souvent la visite des membres de la famille de l'Empereur. Napoléon séjourna à Strasbourg à cinq reprises. Joséphine y demeura durant toute la campagne d'Austerlitz et encore en 1807 et 1808. Marie-Louise fut accueillie en 1811. Toutes ces visites, ainsi que la célébration de la Saint-Napoléon le 15 août, l'anniversaire du couronnement et d'Austerlitz, donnèrent lieu à de brillantes fêtes avec défilés militaires, feux d'artifice et buffets garnis qui enthousiasmèrent souvent la population.
Enthousiasme spontané ? Pas toujours, comme le dit Roland Marx : « Il ne faut pourtant pas se laisser leurrer par les enthousiasmes délirants que soulèvent tous les séjours et passages de Napoléon et de sa famille en Alsace. L'Empereur vint dans la province en 1805, 1806, 1809 et Marie-Louise succéda en 1810 à Joséphine venue en 1806. Trop de documents attestent que la spontanéité fut souvent soigneusement organisée par les autorités administratives et c'était beaucoup attendre du grand nombre que de le voir bouder des fêtes magnifiques. »

À l'occasion de l'entrée en France de Marie-Louise, Lezay-Marnésia, qui avait le sens du grand, avait prévu une fête vraiment donnée par la ville, dans laquelle toute la ville eût figuré et aussi la campagne : défilé de 20 000 hommes groupés dans leurs corporations, banquet de 8 000 soldats. Il dut en rabattre, mais put montrer une ville en joie et déployer dans un splendide cortège paysan 60 communes, avec 700 pères de famille à cheval, autant de jeunes garçons, autant de jeunes filles, toute l'opulence du Kochersberg. C'était à la fin de mars 1810.
Les fêtes commémoratives de la naissance du roi de Rome, en juin 1811, avec les plantations de bosquets, les installations de fontaines, etc., ont été célébrées dans tous les villages. Mais les récits administratifs, de concert avec les prescriptions officielles, en ont glacé le sens. Des initiatives nous sont malgré tout parvenues : celle par exemple des membres de la Société d'émulation de Colmar qui sont tout prêts à planter en mûriers, à leurs frais, un champ du roi de Rome et à encourager l'éducation du ver à soie (154). Les fêtes du couronnement, le 15 août, ont gardé par la diversité même des prix qui y sont distribués, des concours qui s'y jugent, une espèce de vie, malgré le corset des formulaires bureaucratiques.
Surtout, il y a eu les fêtes du tabac et d'abord, celle du 3 décembre 1811, à Strasbourg, apothéose d'un concours très disputé, jalonnées de manifestations populaires (à Molsheim par exemple). À Strasbourg, le préfet a l'excellente idée de placer la cérémonie officielle dans le magasin même de la Régie et d'y associer les ouvriers et les ouvrières.

Pour la naissance du roi de Rome, Lezay-Marnésia prend une initiative qui est suivie avec enthousiasme par les municipalités : l'établissement de bancs-reposoirs. Voici le texte de la lettre du préfet, datée du 22 avril 1811 : « La solennité du 2 juin doit être marquée non seulement par l'allégresse universelle, mais encore par des monuments qui en éternisent le souvenir et jusqu'à la plus modeste commune peut élever le sien. L'un de ceux que je veux généraliser dans les départements est celui des reposoirs placés de distance en distance, le long des routes et chemins communaux, pour la facilité des voyageurs et des cultivateurs qui portent des fardeaux. Je vous invite à prendre vos mesures pour que d'une demi-lieue en une demi-lieue un reposoir en pierre soit établi d'ici aux fêtes qui seront célébrées pour la naissance du roi de Rome. Il conviendra d'y joindre un banc partout où les ressources communales le permettront ; derrière ces bancs seront plantés quatre ou cinq arbres pour former des ombrages. Je verrai de même volontiers établir des fontaines et des abreuvoirs. Il faut qu'un jour chacun dise en se reposant sous ces ombrages ou en se rafraîchissant à ces fontaines : nous les devons au roi de Rome. »
Dans ce cas précis également, l'initiative vient de l'administration et Lezay suit avec vigilance la réalisation de son « invitation ». Mais la réponse des communes du Bas-Rhin ne laisse aucun doute sur leur motivation : cent vingt-cinq bancs sont construits, souvent flanqués de colonnes, de bancs, de pyramides, même d'arcs de triomphe. Dans le Haut-Rhin, le préfet Desportes fait circuler le même mot d'ordre, mais n'obtient pas le même succès que Lezay, sans doute parce que le tissu rural s'y prêtait moins bien qu'en Basse-Alsace.

Joutes nautiques (Gäuselspiel) près de Strasbourg lors des festivités de 1806
Bibliothèque nationale universitaire

Médaille commémorative pour l'arrivée de Marie-Louise à Strasbourg
Bibliothèque nationale universitaire

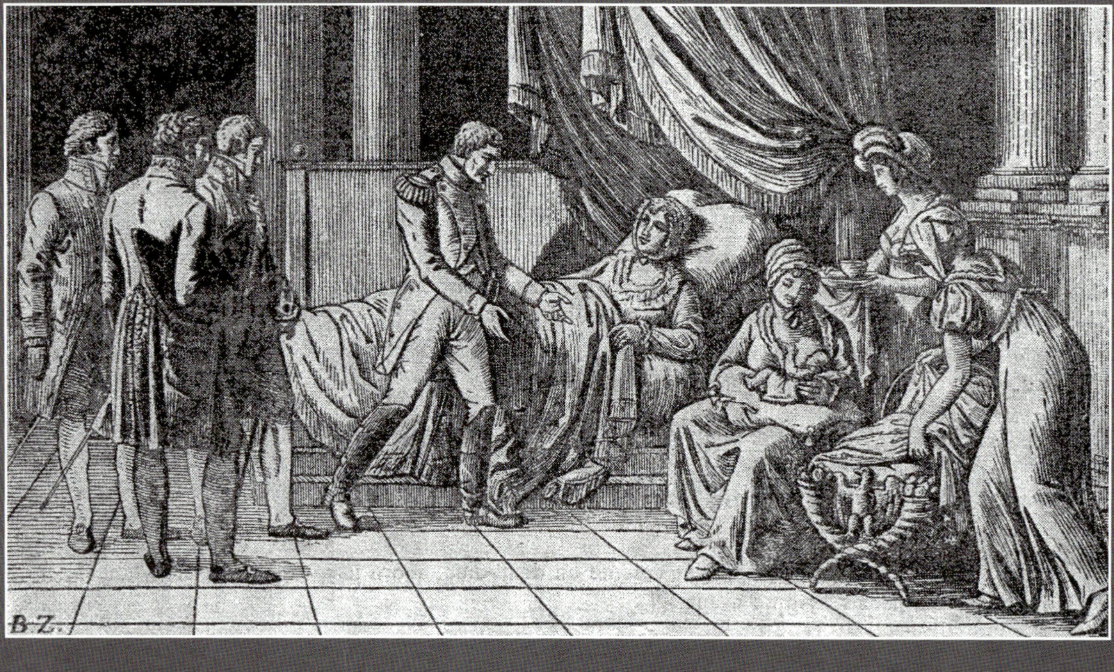

La naissance du roi de Rome en 1812
Hinkende bote am Rhein

Défilé des corps de métiers devant l'Empereur au palais des Rohan en 1806
B. Zix

Le tout-Strasbourg au bal de leurs majestés impériales à l'hôtel du préfet
B. Zix

4. L'opinion publique et les années sombres : 1811-1815

Avec le fléchissement brutal de l'activité économique, les effets du conflit avec la papauté sur les catholiques, l'accélération de la conscription, des réquisitions et de la fiscalité, une certaine lassitude s'installe, source de mécontentement, mais qui ne dégénère pas en opposition ouverte. Lorsqu'il s'agit de défendre la province contre l'invasion, les Alsaciens répondent présent.

Les effets de la crise économique

La crise qui éclate fin 1810, début 1811, a un double aspect. C'est d'abord une crise commerciale dont les effets se font surtout sentir à Strasbourg et à Mulhouse. C'est aussi une crise industrielle qui affecte directement Mulhouse où le nombre d'ouvriers du textile passe de 14 340 à 9 115. Pour 5 000 ouvriers licenciés, c'est le chômage et la misère avec le prix du pain qui croît sans cesse. Leurs tentatives d'associations sont anéanties par le préfet qui fait donner la garde nationale. En 1812, on estime que dans le Haut-Rhin 20 000 ouvriers sont au chômage. À Strasbourg, on « délocalise » les ateliers de filature et de tissage à la campagne. À Mulhouse, la commission de bienfaisance intervient auprès des plus démunis.

Le malaise des catholiques ultramontains

En 1809, un décret signé à Schoenbrunn annexe les états pontificaux à la France. Pie VII riposte par une bulle d'excommunication. Napoléon fait arrêter le pape qui est transféré à Savone et qui refuse désormais l'investiture canonique des évêques français. Napoléon réunit un concile où il trouve les évêques français moins dociles qu'il ne l'espérait.

Il ne faut pas exagérer l'impact de ces événements sur la masse des catholiques français et alsaciens en particulier. Cependant, parmi les prêtres qui avaient émigré, on constate des remous, des allusions sont faites au cours des sermons.

Les secteurs traditionnellement catholiques, Molsheim, Rosheim, Obernai, manifestent leur mécontentement ; le chef de la police, Popp, soulignant « l'amour bien prononcé qu'on nourrit pour le pape ». On retrouve en première ligne les prêtres qui avaient lutté contre le Concordat, Dintroz, curé d'Orbey, Boutz, curé à Ettendorf. Stanislas Huck qui avait connu la prison en 1797, puis la déportation à l'île de Ré en 1799, curé de Routzenheim, puis de Bernardvillé, est dénoncé par le maire de sa commune pour avoir déclaré en chaire que l'Empereur était l'Antéchrist et voulait se mettre à la place du pape, ce qui lui vaut cinq mois d'emprisonnement.

Chez les fidèles ultramontains, le malaise est évident. Au confessionnal, les mères de famille qui ont vu partir leur fils à l'armée ou qui en ont même perdu un, sont évidemment des auditrices de choix. Cependant, en dehors de quelques remous dans les petites villes, on ne peut pas parler de mouvement de mécontentement organisé.

Les effets de la conscription, des réquisitions et de la fiscalité

En février 1811, les colonnes mobiles se lancent à la poursuite des réfractaires et des déserteurs, mais les conseils de révision de cette année se montrent très indulgents en accordant de nombreuses réformes. Les maires et les adjoints, trop laxistes, sont sanctionnés. Tous sont avertis d'avoir à livrer les réfractaires à la gendarmerie. Dans le seul mois de mai 1811, les colonnes du général Saint-Sulpice

récupèrent 280 insoumis dans le Bas-Rhin, 112 dans le Haut-Rhin. « L'impôt du sang » pèse de plus en plus sur les familles, au même titre que les réquisitions.
Par ailleurs, les injustices fiscales provoquent des remous. Dans l'arrondissement d'Altkirch, la colère éclate contre les redevances foncières et les fameux droits réunis. Les habitants de Stosswihr s'en prennent aux employés de la Régie, sans doute les fonctionnaires les plus impopulaires d'Alsace. Lezay-Marnésia, conscient de ces injustices, multiplie les interventions auprès de son ministre de tutelle qui n'apprécie guère l'attitude de son subordonné, le lui fait savoir au point qu'il en vient à proposer sa démission.
Mais, là aussi, on ne saurait parler de résistance active ou d'opposition concertée, tout simplement les Alsaciens qui grognent sont un peu plus nombreux.

Le patriotisme des Alsaciens

Nous verrons plus loin comment se sont déroulés les événements en Alsace en 1813 et 1815, lors des invasions des armées alliées. Nous verrons que, si certains chefs militaires, tout particulièrement le duc de Bellune, n'ont pas fait leur devoir, il y a une grande unanimité parmi la population alsacienne pour défendre coûte que coûte le territoire.
« Viennent les malheurs et, simplement, sans éloquence, les Alsaciens suivant le mot de Frédérique Pfeffel, la fille du poète, se sentent plus français que jamais. La proclamation lancée de Reims par Napoléon au début de 1814 arrive bien tard de l'autre côté des Vosges, où l'invasion est déjà une occupation. Cependant, Nicolas Wolff de Rothau commence la guerre des partisans, cependant les gardes d'honneur ont chargé trois fois à Schiltigheim au cri de "Vive l'Empereur", cependant Landau retentit longuement de la « Marseillaise », de « Ça ira »...
Pendant les Cent-Jours, l'enthousiasme rebondit. On croirait, dit Molitor à propos du Haut-Rhin, voir renaître les bataillons de volontaires de 1791. À Sélestat, le sous-préfet Cunier répand un pacte qui se couvre de signatures. Les citoyens ont entendu le cri qui retentit sur tous les points de la France menacée. Lorsque des siècles d'humiliation, lorsque la marche progressive des lumières eurent amené la grande révolution de 1789, ils saluèrent avec transport ces premiers jours ; ils firent sur l'autel de la patrie le serment solennel que désormais, unis de cœur avec tous les Français, affranchis des dîmes, des impôts arbitraires et soumis seulement à la loi, ils réuniraient leurs forces pour asseoir leur bonheur commun sur un pacte qui consacrerait leurs droits et qui fixerait leurs devoirs. C'est ce pacte qu'ils renouvellent en mai 1815, unissant et confondant volontairement les principes de 1789, l'Empire et la France, comme l'immense majorité des Français » (F. L'Huillier).

Arrivée de Marie-Louise à Strasbourg
Hinkende bote am Rhein (1811)

Reception de
NAPOLEON Ier
sur le pont du Rhin
1806 •

Réception de Napoléon Ier et de l'impératrice Joséphine au pont du Rhin, 1806

VII

Le gouvernement des esprits et des arts

« De toutes nos institutions, la plus importante est l'instruction publique.
Tout en dépend : le présent et l'avenir.
Il faut que la morale et les idées politiques de la génération qui s'élève
ne dépendent plus de la nouvelle du jour ou de la circonstance du moment.
Il faut avant tout arriver à l'unité et qu'une génération tout entière
puisse être jetée dans le même moule. »

Bonaparte - 25 mars 1804

La Révolution avait bouleversé les institutions scolaires et supprimé les universités. L'université épiscopale disparut la première, celle de la confession d'Augsbourg dut aussi fermer ses portes aux approches de la Terreur.

À Strasbourg, dans l'enseignement secondaire, le collège royal, devenu le collège national, végète jusqu'en 1794 où il est réorganisé. Mais, dès 1795, la convention thermidorienne crée les écoles centrales et le collège subit une nouvelle transformation. De son côté, le collège de l'université ou gymnase, fermé durant la Terreur, se réorganise en 1794, restant lié au corps municipal qui le soutient.

Au niveau de l'enseignement primaire, la Convention avait décidé la création d'écoles obligatoires et gratuites, mais la mise en œuvre de cette réforme fondamentale s'avéra très malaisée pour des motifs financiers et par la difficulté de trouver des maîtres capables d'enseigner en français.

Par ailleurs, la vie artistique avait été bouleversée par la Révolution : mécènes partis en exil, artistes ballottés par les événements. Avec le retour de l'ordre et de la prospérité, Napoléon manifestant un vif intérêt à la reprise du mouvement des arts, une véritable renaissance s'opère dans le cadre d'un style procédant à la fois du néoclassicisme et du romantisme.

1. Le problème de la langue : tradition ou promotion

Aussi bien à Paris qu'en Alsace, on est conscient de l'urgence d'une refonte totale du système scolaire et d'une résurrection des universités. Encore faudrait-il s'entendre sur la langue qui sera utilisée pour véhiculer cet enseignement. Au moment de la Terreur, le clan jacobin, composé d'immigrés venus des départements de vieille France et regroupé autour du maire de Strasbourg, Monet, est obsédé par la « francilisation de l'Alsace » et veut extirper dialecte alsacien et langue allemande.

La langue française doit être, pour les autorités révolutionnaires en Alsace, le ciment de l'unité nationale, le véhicule des idées et des textes. Or, la monarchie n'avait pas jugé utile de mener des actions scolaires pour l'apprentissage du français et, si dans les villes, notables et érudits sont parfaitement bilingues, l'immense majorité du peuple des campagnes ignore totalement le français (la connaissance de l'allemand classique laissait aussi à désirer), ignore même les caractères romains, car elle n'utilise (lorsqu'elle sait écrire) que les caractères gothiques.

Cette situation devient intolérable pour les Montagnards qui décident de porter tout leur effort en Alsace sur l'acquisition de gré ou de force de la langue française. De gré, grâce au décret du 27 janvier 1794 qui prévoit l'installation d'un instituteur enseignant exclusivement en français pour mille habitants. De force, car les Montagnards ne pouvaient attendre les effets de cette mesure saluée avec enthousiasme par les clubs alsaciens, mais qui sera très vite vidée de son efficacité par un nouveau décret pris l'année suivante. Aussi, envisage-t-on des mesures d'une brutale efficacité : la déportation et la transplantation des Alsaciens, surtout ceux d'Outre-Forêt qui étaient les plus visés, à l'intérieur du pays et leur remplacement par des populations de langue française. Déjà Monnet, le nouveau maire de Strasbourg, avait quelques mois auparavant suggéré l'installation de populations francophones en Alsace.

Dans le Haut-Rhin, Muller, l'ancien curé de Bouxwiller, tient des propos identiques. Cette double tentation, déportation et « régénération guillotinière », rencontre cependant peu d'écho à Paris, si tant est que la Convention en ait été saisie. En attendant, Saint-Just et Lebas entrent en guerre contre les habitudes allemandes des Alsaciens. Les citoyennes de Strasbourg

Arc de triomphe dressé pour la visite de Napoléon à Strasbourg en 1806
litho F. Piton
Bibliothèque nationale universitaire de Strasbourg

sont priées de quitter le costume allemand « puisque leurs cœurs sont français ».

Quelle est la situation de la langue française en Alsace lorsque Bonaparte prend le pouvoir ? Laumond, le premier préfet du Bas-Rhin, tente de répondre à cette question. Dans la *Statistique* qu'il rédige, en l'an IX, il affirme que la langue nationale est « familière à environ une moitié du département, au moins pour les usages ordinaires de la vie », optimisme béat d'un haut fonctionnaire qui ne sait pas un mot d'allemand ? Laumond revient vite à plus de réalisme, reconnaît qu'il serait impossible de substituer le français à l'allemand dans l'état actuel des choses et conclut fort sagement : « Bornons-nous donc à propager, le plus possible, le langage français, à le rendre indispensable à chacun des habitants pour toutes ses relations de cité et faisons-le, de cette manière, aller de pair avec la langue maternelle du département. C'est tout ce que l'on peut espérer. S'il y a plus à désirer, ce ne pourra être que l'ouvrage des siècles. »

En fait, si les notables alsaciens au niveau départemental et national savent suffisamment de français pour que la machine administrative puisse fonctionner, l'immense majorité des conseillers municipaux, donc des maires, ne le comprend pas et, *a fortiori*, ne le parle pas. Toutes les délibérations se font en dialecte, y compris les comptes rendus des séances. En 1807, le sous-préfet de Sélestat doit rappeler aux maires que les comptes communaux doivent lui être présentés en français.

Paul Lévy rapporte les tribulations d'un maire de l'arrondissement de Strasbourg qui doit procéder au recensement des « bossus, aveugles, fous, crétins ». À cet effet, il doit remplir un formulaire fourni par la préfecture. Ne comprenant pas le sens du mot « crétin » et supposant que le préfet s'était laissé aller à une faute d'orthographe, il porte dans la colonne adéquate la mention : « crétins, nous le sommes tous ». Un autre maire, sollicité de fournir des renseignements sur les « antécédents » de l'un de ses administrés qui postule à un emploi, répond : « tous les antécédents du postulant sont décédés ».

Pour le préfet d'Alsace, il était d'autant plus urgent et nécessaire de populariser le français que cette langue était en train de prendre le statut de « langue des riches ». La haute bourgeoisie sait le français depuis le XVIIIe siècle, la petite bourgeoisie et les intellectuels y viennent progressivement. Reste la masse des paysans vivant en vase clos avec leurs curés et leurs pasteurs qui font le catéchisme, qui baptisent, marient, enterrent en allemand. Reste la foule des ouvriers dont le nombre s'accroît avec la révolution industrielle.

Par ailleurs, les Alsaciens savent parfaitement que l'ignorance du français leur ferme toutes les portes donnant accès à des postes à responsabilité, qu'elle empêche le jeune homme désireux d'embrasser une carrière militaire de devenir sous-officier.

Avec l'arrivée de Lezay-Marnésia, le problème va être traité intelligemment. Le nouveau préfet parle et écrit fort bien l'allemand et apprend le dialecte en quelques mois. Contrairement à son collègue, préfet de Moselle, Vienot de Vaublanc, qui cherche à imposer le français en allant déchirer les livres allemands dans les écoles, son approche est rationnelle : il n'y a pas ou presque pas, en Alsace, de maîtres capables d'enseigner le français ou de faire cours en cette langue : il faut donc en former, d'où l'idée de créer une école normale d'instituteurs. Cependant, il n'est pas question pour autant de négliger l'allemand littéraire que beaucoup de maîtres écornent peu ou prou.

L'action des préfets d'Alsace doit cependant tenir compte d'une résistance inébranlable : les théologiens et pasteurs protestants veulent continuer à enseigner et prêcher en allemand et ne se laisseront jamais prendre « la bible de Luther, le cantique allemand, le sermon allemand ». Même attitude chez l'immense majorité du clergé catholique pour qui le français est la langue de Voltaire, c'est-à-dire de l'irreligion : « Si la langue de Voltaire n'est ni parlée ni comprise chez nous, tant mieux, c'est pour ne pas l'avoir comprise que nos populations rurales ont conservé la foi ».

2. L'organisation de l'enseignement

L'enseignement primaire et la première école normale de France

Avec l'abandon du principe d'une école primaire gratuite et obligatoire, le Consulat fait un grand pas en arrière. La loi du 1er mai 1802 laisse à la charge des communes l'établissement des écoles primaires et le choix des instituteurs qui assurent l'enseignement dans des conditions difficiles. À Strasbourg, ils sont

choisis par un jury d'instruction primaire fort compétent. Ils ne perçoivent aucun traitement et les locaux d'habitation ou scolaires ne sont pas mis gratuitement à leur disposition. Ils perçoivent deux sortes d'indemnités : la ville leur alloue 300 francs par an pour leur permettre de se loger et de louer une salle de classe ; les parents d'élèves versent trois francs par trimestre pour l'écolage.
Ces instituteurs nouvelle manière subissent la concurrence de l'enseignement dispensé par les curés et les pasteurs d'une part, des maîtres indépendants s'adressant à une clientèle aisée d'autre part.

Reste en suspens le problème de la formation pédagogique. Un décret du 17 mars 1808 crée une « école normale » dans chaque lycée. À Strasbourg, il ne semble pas que cette innovation ait été bien appliquée. Le préfet Lezay-Marnésia décide, de sa propre initiative et malgré les réticences du gouvernement, la création d'une école normale qui ouvre ses portes le 15 novembre 1810 dans les locaux du lycée impérial ; 25 élèves y sont accueillis sans distinction de religion et y reçoivent, durant trois ans, un enseignement des plus complet, pratique et efficace. Outre la grammaire et l'arithmétique, ces bases fondamentales, un peu de droit rural, d'arpentage, quelques éléments d'art vétérinaire et d'hygiène, beaucoup d'agriculture, toutes données indispensables à des « praticiens » qui devaient officier au sein d'une société encore essentiellement rurale, dotée en 1810 des « médecins cantonaux ». Le hiatus entre ville et campagne, affirmé par le retard des campagnes dans le domaine linguistique et technique, tend à s'estomper.
Ces mesures concernaient exclusivement les garçons, l'éducation des filles étant laissée entre les mains des sœurs de la Providence et assurée, pour les filles de la bonne société, par des pensionnats spécialisés. C'est donc une œuvre incomplète et imparfaite que le gouvernement impérial accomplit dans le domaine de l'enseignement primaire ; encore faut-il attribuer à la seule initiative de Lezay-Marnésia la création de l'école normale.

L'enseignement secondaire : le lycée

L'enseignement secondaire a retenu l'attention de Napoléon : il est destiné à fournir à l'Empire les cadres administratifs et militaires dont il a besoin. La loi du 1er mai 1802 décide la création des lycées destinés à remplacer les écoles centrales nées de la Révolution et où règne un laisser-aller peu compatible avec les conceptions impériales. Le préfet Laumond définit ainsi l'école centrale de Strasbourg : « Une réunion fortuite et volontaire de jeunes gens qui commencent leurs cours quand il leur plaît, les interrompent quand ils le veulent et les quittent quand cela leur convient ».
Les lycées, dirigés par un proviseur assisté d'un censeur, accueillent trois catégories d'internes : les jeunes gens dont les parents ont les moyens de payer une pension de 650 francs par an, les élèves sortant de l'école secondaire et recrutés sur concours, les élèves, fils de fonctionnaires ou de militaires méritants, boursiers de l'État et des externes qui acquittent un écolage de 50 francs. Toute cette population scolaire en uniforme bleu évolue dans une ambiance militaire rythmée au son du tambour. En 1804, le lycée de Strasbourg, ancêtre du lycée Fustel-de-Coulanges, compte 297 élèves.
À côté de cette institution dont les professeurs touchent plus de 2 000 francs d'appointements, la loi du 18 août 1814 institue les écoles secondaires. À Strasbourg, le gymnase et le pensionnat Grandmougin bénéficient de cette appellation.

Les collèges

Un certain nombre de collèges où l'on dispense l'enseignement secondaire fonctionnent en Alsace à la fin de l'Empire. Dans le Bas-Rhin, Bouxwiller, Haguenau, Sarre-Union, Saverne, Sélestat, Wissembourg ; dans le Haut-Rhin, Porrentruy, Colmar, Thann, Altkirch. Les problèmes ne manquent pas, financiers surtout, les municipalités ayant souvent du mal à payer leurs professeurs, liés aux incompatibilités d'humeur entre enseignants et autorités municipales ou aux compétences souvent fort inégales des professeurs. Au collège de Saverne, « le français est à peine bégayé » et le principal ne sait guère la langue. À Sarre-Union, en revanche, un professeur ne sait pas un mot d'allemand. À Bouxwiller, le principal est « très faible » en français.

À Mulhouse se pose un autre problème. Les industriels locaux entendent qu'on donne à leurs enfants un enseignement dirigé en fonction de leur future affectation professionnelle : « Le but des fabricants et des négociants qui, par leur nombre, forment ici la majorité de la population, étant, lorsqu'ils cherchent à donner de l'éducation à leurs enfants, de leur rendre possible à embrasser l'état qu'ils exercent eux-mêmes ; il conviendra de régler le mode d'instruction pour l'établissement projeté d'après le résultat que l'on veut obtenir » (délibération du conseil municipal, 1810).

Tout cet enseignement est, bien entendu, réservé à une élite, mis à part les places réservées aux boursiers de l'État. Par ailleurs, comme dans l'enseignement primaire, les filles en sont exclues. Pour la bourgeoisie, des maisons d'éducation payantes, après avoir donné aux jeunes filles les bases de la lecture, de l'écriture et du calcul, leur enseignent le tricot, la couture, la broderie, la cuisine, la danse et le chant. Cette éducation entre dans les vues de l'Empereur qui estime que la place d'une femme est à son foyer : le Code civil, gardien de la famille, en est le sûr garant.

L'enseignement supérieur : l'université impériale

Dominique Villars, premier doyen de la nouvelle faculté de médecine
huile sur toile

La Révolution avait balayé l'université. En 1800, le seul héritage qu'elle ait laissé à ce niveau est l'école spéciale de médecine installée au séminaire et l'école d'accouchement.

Les écoles spéciales

Dans un premier temps, l'administration va mettre en place, de 1803 à 1804, une série d'écoles spéciales pour combler un vide catastrophique pour une cité à vocation universitaire comme Strasbourg. L'école spéciale de pharmacie est la première en date. À ses débuts, elle rencontre peu de succès, les candidats pharmaciens pouvant obtenir leur agrément par des moyens moins astreignants.
En vertu des articles organiques, l'Académie protestante ouvre ses portes en 1803. Elle comporte un pensionnat réservé aux futurs pasteurs de la confession d'Augsbourg. Des professeurs renommés, Blessig, Koch, Oberlin, Schweighaeuser, « la vieille garde », y dispensent leur enseignement.
L'école de peinture et de dessin projetée en 1803 ne verra jamais le jour, contrairement à l'école de droit qui accueille ses premiers étudiants en 1804. Toutes ces créations n'étaient, en fait, que le prélude à la proclamation de l'université impériale, instituée par une loi du corps législatif du 10 mai 1806. Le décret du 17 mars 1808 en définit la mission : former des citoyens attachés à leur religion, à leur prince, à la patrie et à leur famille ; Fontanes est nommé grand maître (mars 1808).

Les facultés

Cette institution est destinée à coiffer tout le système éducatif depuis les facultés jusqu'à l'école primaire, en passant par les maîtres indépendants. Les six facultés qui dispensent leur enseignement, théologie protestante, droit, médecine, sciences mathématiques et physiques, lettres et école spéciale de pharmacie, sont installées en 1811.
Dans ses débuts, l'université demeure solidaire du lycée auquel elle emprunte un grand nombre de ses enseignants et les locaux. Après bien des atermoiements et une lutte d'influence entre Koch et Herrmann, Bernard de Montbrison est nommé premier recteur de l'Académie de Strasbourg. Originaire du Gard, militaire retraité, il a épousé en 1798 la fille de la baronne d'Oberkirch, aux célèbres *Mémoires*. Il s'installe au 20, rue de la Nuée-Bleue et dans le château d'Oberkirch, près d'Obernai.

La formation des élites est désormais assurée, de même que son accession à la langue nationale, mais les insuffisances de l'enseignement primaire vont freiner l'initiation à la culture française de la masse des Strasbourgeois.

Portrait de Joseph Ristelhueber, Chirurgien Major à Eylau (1807) et futur médecin-chef de l'hôpital de Strasbourg
huile sur toile de J-H. Cless

Costume de professeurs
de la nouvelle faculté de médecine
Arch. hist. fac. médecine

Costume des élèves
de l'école de santé *d'après le tableau de Louis Bacler Dalbe (1803)*

3. Le mouvement des arts, des lettres et des sciences

Avec le retour de la paix et de la prospérité, le mouvement artistique alsacien reprend ses activités. À Strasbourg, les architectes Boudhors, Robin et Berigny, laissent à la postérité le pavillon Joséphine et le théâtre de la place Broglie que le sculpteur Ohmacht orne de statues après avoir réalisé le bas-relief du monument Desaix. Son collègue, E. Malade, s'emploie à remplacer les statues de la cathédrale mises à mal sous la Révolution.

Jean-Jacques Schuler, gendre de Boudhors, est l'auteur d'un projet, commandé par l'Empereur, d'agrandissement du palais Rohan avec une cour latérale s'étendant jusqu'au Vieux-Marché-aux-Poissons, ce qui aurait eu pour effet la destruction de tout un pan du vieux Strasbourg avec les bâtiments de l'œuvre Notre-Dame et la maison de la place au Marché-des-Cochons-de-Lait. Ce projet demeure, fort heureusement, dans les cartons.

À Mulhouse, Nicolas Koechlin, un des plus chauds partisans de l'Empire, est l'auteur d'un projet qui sera réalisé à partir de 1826, d'agrandissement de la ville à l'est, avec deux places, l'une triangulaire, l'autre en éventail. Le sculpteur Ohmacht et l'architecte Weinbrenner s'associent pour réaliser le monument à la gloire du général Desaix. Ohmacht réalise aussi le buste du préfet Lezay-Marnésia, des statues pour la propriété de Charles Schulmeister, l'espion de l'Empereur, les monuments funéraires de Koch et d'Oberlin à Saint-Thomas.

Au début du XIXe siècle, l'Alsace fournit à l'école française quelques-uns de ses meilleurs miniaturistes.

Né à Strasbourg le 1er avril 1761, élève de Huin, devenu un des peintres favoris de Marie-Antoinette puis de l'Assemblée nationale, Jean-Urbain Guérin est revenu à Strasbourg où Desaix l'a pris parmi ses soldats. Dans sa première manière, il travaille par petits portraits traités dans le goût antique ; après le *Portrait* de Kléber, la facture s'élargit, il donne l'exquise *Comtesse Montangon* (vers 1805) dans le style Empire où déjà pointe le romantisme et un curieux *Personnage en habit de préfet* (même date) où s'exprime la prudence, la finesse, la fermeté aussi, que l'Empereur exige de ses nouveaux serviteurs.

Citons encore deux Colmariens, François Xavier Louis Hohr et Jean-Jacques Karpff, dit Casimir, et un Mulhousien, Jean-Henri Benner, qui fut, un certain temps, le peintre attitré de la cour de Russie.

Les peintres de cette époque ont très fortement subi l'influence des vicissitudes de la Révolution et des guerres de l'Empire ; ils forment la génération des peintres-soldats. Le Strasbourgeois Benjamin Zix, engagé volontaire en 1792, dessinateur à l'état-major du général Schauenbourg, suit pas à pas la Grande Armée dont il dessine les exploits, illustre l'ouvrage consacré à la visite impériale de 1806 à Strasbourg, rend compte du mariage de Napoléon avec Marie-Louise. Un autre Strasbourgeois, Louis-François Lejeune, général et baron de l'Empire, se consacre aux grands événements militaires. Le Colmarien Atthalin, lui aussi général et baron, met son talent au service des monuments du Moyen Âge alsacien. Le Strasbourgeois Jean Hans, officier de la garde nationale, peint à la gouache. Citons encore Jean-Daniel Heimlich, décédé en 1806, graveur et peintre de paysages alsaciens, Martin Drolling de Bergheim, portraitiste, Jean-Frédéric Schall, peintre de fêtes galantes.

Le microcosme des peintres alsaciens participe directement à la propagation d'un nouveau moyen d'expression artistique : la lithographie, inventée à Munich par Aloïs Senefelder. En 1809, lors de l'occupation de Munich par les troupes françaises, Zix et Lejeune vont y tirer leurs premières lithographies ; Oberthur et Boehm de Strasbourg, Geoffroy Engelmann de Mulhouse, y font leurs classes et ouvrent des ateliers.

La ferronnerie et l'orfèvrerie prolongent, grâce à des artistes comme Pertois et Kirstein, la prestigieuse tradition du siècle précédent.

Malgré son épanouissement et sa vitalité, cet art porte l'empreinte du goût imposé par l'Empereur qui entend qu'il concoure, comme toutes les autres formes d'expression, à la gloire du régime. S'y ajoute le fait que les milieux d'affaires qui constituent la nouvelle clientèle préfèrent ne pas courir de risques en matière d'art. Ils aiment les noms archiconnus (garantie pour eux de bon goût) et l'art ancien. Ils se méfient de l'avant-garde et acceptent rarement de patronner des artistes vivants, surtout quand ils sont jeunes, peu ou mal « introduits ». La réputation se fait dans les Salons.

L'orangerie Joséphine en 1804
B. Zix

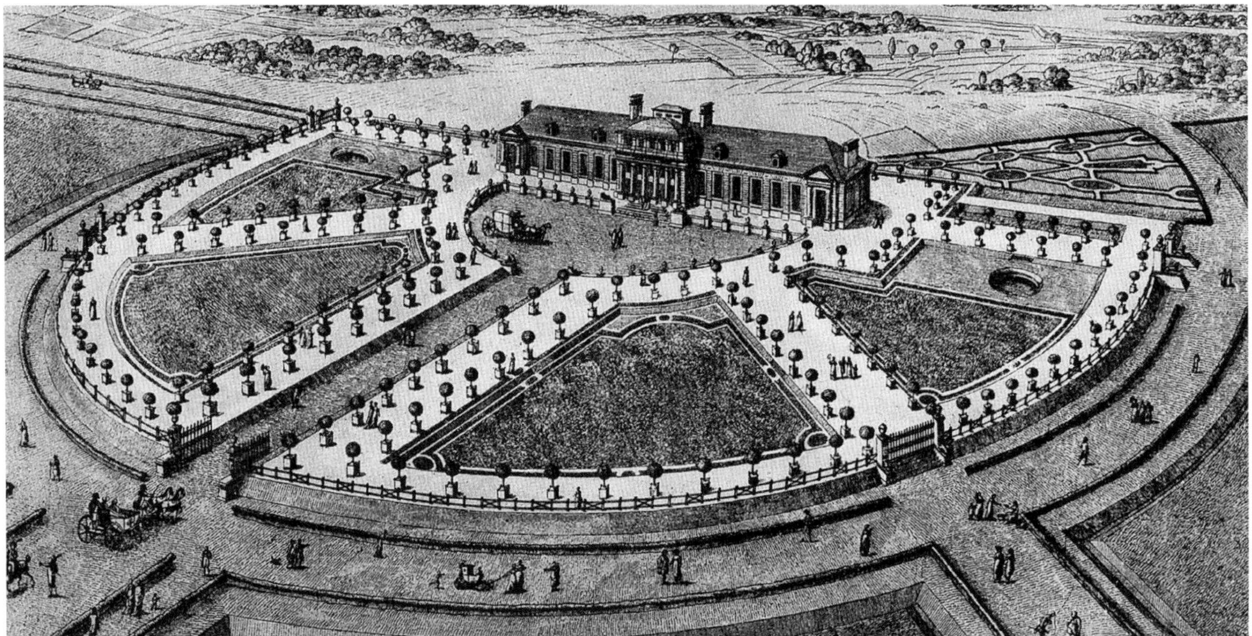

Les lettres et les sciences

Contrairement au mouvement artistique, la production littéraire est marquée par une médiocrité dont la cause peut être cherchée, d'une part dans les pesanteurs sociologiques d'une société vouée aux affaires, d'autre part dans la censure qui, dès le début du Consulat, veille à ce que les écrits soient engagés en faveur du régime, ou qu'ils ne soient pas.

Parmi les écrivains, citons A. Lamey, J.-D. Arnold et E. Stoeber. Tout ce que Strasbourg compte d'écrivains, artistes, hommes de science, médecins se retrouvent en 1802 dans la Société des sciences, agriculture et arts du département du Bas-Rhin résultant de la fusion de trois sociétés : la Société libre des sciences, arts et belles-lettres de Strasbourg, la Société libre d'agriculture et d'économie du département du Bas-Rhin et la société regroupant le monde médical. Cette société, très active, se penche sur les problèmes de l'acquisition de la langue française par la population, de la médecine populaire et du progrès de l'agriculture.

Les loges : Strasbourg, capitale de la franc-maçonnerie

Les loges de Strasbourg avaient joué un rôle considérable dans la diffusion de l'Esprit des Lumières et lors des débuts de la Révolution. Ce rôle se maintient, s'affirme, se fortifie sous l'Empire. Passant par Nancy le 3 décembre 1797, Napoléon Bonaparte avait été reçu dans la loge de cette ville. Un but avoué : l'étude de la morale universelle et l'exercice de la bienfaisance. Le legs Gerschel nous renseigne abondamment sur l'activité des loges de Strasbourg.

Dès 1803, deux loges s'y organisent : la Concorde et la Vraie Fraternité ; 59 membres dans la première : la veuve du maire de Dietrich sollicite la création d'une loge féminine : ce qui est fait ; l'impératrice Joséphine assiste à l'une des séances. Le commissaire général de police Popp joue un rôle important que reconnaîtront plus tard les émigrés rentrés : il sauvera beaucoup de monde. Autre loge, la Vraie Fraternité, constituée le 26 floréal an XI (16 mai 1803), composée plutôt de cadres moyens (70 membres en 1804). En 1811 s'ouvrent deux nouvelles loges, celle de la Candeur et celle des Frères réunis. Il serait vain de dissimuler l'importance de ces « solidarités » plus ou moins clandestines, à une époque où, plus que jamais, l'aide de chacun était indispensable dans le brassage universel des hommes, des esprits et des caractères.

Strasbourg, foyer mystique

Il est temps de chercher la face cachée du miroir et de voir derrière ou au-delà des manifestations éclatantes, voulues, affirmées de l'autorité, les tendances profondes. La Révolution a favorisé l'essor d'une nouvelle sensibilité en créant de nouvelles sources d'idées ; elle a consacré le déclin du rationalisme tout en prétendant « rationaliser » le nouvel édifice qu'elle a voulu construire sur la foi révolutionnaire.

La vague religieuse qui submerge la France qu'exalte *le Génie du christianisme* ne touche que de loin Strasbourg qui trouve dans sa situation même les éléments d'une nouvelle renaissance : carrefour de deux civilisations, elle sert d'intermédiaire aux esprits généreux venus d'horizons variés. S'y rencontrent hommes du cru comme Frédéric-Rodolphe Saltzmann, un marchand d'étoffes, Gaspard Wegelin rattaché au courant de Lausanne et le nouveau préfet du Bas-Rhin Lezay-Marnésia qui, après 1812, trouve dans l'enseignement de Mme de Krudener l'alimentation dont, après Oberlin, le pasteur du Ban-de-la-Roche, a besoin son âme généreuse. Amour, fraternité, charité, tel est le culte nouveau qui rayonne de la préfecture où se tiennent les réunions, connues de Popp et signalées à l'Empereur.

Nous pouvons reprendre la conclusion de Roland Marx : « S'élevant au-dessus d'une conjoncture de guerres et de malheurs, quelques hommes ont essayé de préparer la seule véritable « glorieuse journée de la victoire » qui comptât à leurs yeux : celle de la victoire de la lumière sur les ténèbres ».

VIII
La première Restauration et les Cent-Jours

« Les habitants de Sélestat, Madame, ont l'honneur d'assurer Votre Majesté par notre organe, qu'ils s'armeront tous s'il en est besoin, qu'aucun sacrifice pécuniaire ne leur coûtera pour conserver à la France les fruits de vingt années de travaux du prince auguste qui la gouverne. »

Supplique du conseil municipal de Sélestat à l'impératrice Marie-Louise
18 octobre 1813

La défaite de Leipzig (octobre 1813) achève la ruine de la domination française en Allemagne, l'effondrement du royaume de Westphalie et la destruction de la confédération du Rhin. Pour Napoléon, il s'agit à présent de résister sur le Rhin. La Grande Armée est réorganisée et la 5e division militaire, forte de 11 600 hommes, placée sur une ligne Landau-Huningue et dirigée par le maréchal Victor est chargée de défendre l'Alsace avec l'aide des gardes nationales qui se comporteront bravement. De Wissembourg à Belfort, les Alsaciens ont à présent pris conscience qu'après dix-huit années de répit leurs départements allaient à nouveau se retrouver en première ligne.

1. L'invasion

L'Alsace organise sa défense

La situation militaire en Alsace est loin d'être brillante. La 5e division militaire qui doit veiller sur elle, les principautés de Montbéliard et de Porrentruy et une partie de l'ancien évêché de Bâle manquent d'argent. Beaucoup d'officiers sont inaptes à faire campagne. Bien des soldats, incapables de porter les armes et les places fortes sont mal entretenues. Par ailleurs, les voisins immédiats ne sont pas fiables : la Suisse, officiellement neutre, est favorable aux coalisés, le grand-duché de Bade, théoriquement amical, est en fait profondément hostile.

Pourtant, grâce à trois hommes énergiques et respectés, le général Desbureaux, chef de la 5e division militaire et les deux préfets, Lezay-Marnésia et La Vieuville, l'Alsace organise ses défenses. Les témoignages sont unanimes : la population n'a pas rechigné à fournir ce qu'elle pensait être un ultime effort. L'esprit public est excellent et ne laisse place à aucun doute. Les troupes qui menacent les frontières sont des ennemis, même si certains d'entre eux parlent la même langue qu'eux. Les douaniers et forestiers montent en première ligne et avec fébrilité. De Wissembourg à Belfort, on s'active à mettre la région en état de résister au choc.
« Les légions départementales se forment lentement. Les travaux de fortification sont menés avec célérité, grâce aux officiers chefs de service et aux préfets. Landau est à l'abri, bien armé et bien protégé par l'inondation. En décembre, le fort de Kehl est armé, défendu par des blockhaus. Il dispose de 1 362 hommes de garnison. Le village badois de Kehl a été rasé. Les îles du Rhin ont été mises en état de défense. La défense de Strasbourg s'est organisée : palissadement, réfection des ouvrages de la citadelle et de l'enceinte, construction de ponts entre le corps de place et les ouvrages extérieurs, organisation de l'inondation. Tout a été poussé pour mettre la ville à l'abri d'une attaque de vive force.
La garnison compte 4 000 gardes nationaux armés et 4 800 hommes de troupes de ligne. Les ateliers des manufactures de Mutzig et de Klingenthal ont été transférés à l'Arsenal, pour réparer 80 000 fusils. Les fortifications de Neuf-Brisach ont été remises en état, d'octobre à décembre ; les approvisionnements faits. Mais la garnison, composée de troupes de ligne, de gardes d'honneur, de gardes nationaux, manque d'homogénéité.
La place de Huningue avait été abandonnée, la Suisse étant neutre. En octobre, les ouvrages extérieurs ont besoin de grosses réparations. L'armement est suffisant, mais les munitions font défaut. Les 1 200 hommes de la garnison sont presque tous conscrits. Grâce au colonel Chancel qui commande la place, en novembre-décembre les travaux de défense sont activés. Les approvisionnements en vivres et en munitions se complètent. La garnison est portée à 3 600 hommes. Le château de Landskron, qui n'était plus entretenu depuis 1810, est remis en état de défense. Mais la garnison de 57 hommes n'a pas de vivres.
En seconde ligne, Belfort, Sélestat, La Petite-Pierre, Lichtenberg, Phalsbourg et Bitche sont trop éloignés les unes des autres pour former une ligne de défense intérieure. Elles défendent d'importants nœuds de communication.

Qu'elles soient de première ou de deuxième ligne, les places ont été mises en état d'opposer une résistante honorable. Les Alliés ne s'attaquèrent vraiment qu'à Huningue et à Belfort. Toutes résistèrent et furent conservées jusqu'à la paix » (F. Ponteil).

Vue de la ville de Strasbourg pendant le blocus de 1814. Un cosaque au premier plan
dessin anonyme Bibliothèque nationale universitaire de Strasbourg

Claude Victor Perrin, dit Victor, maréchal de France et duc de Bellune : un chef sans énergie

C'est à un Vosgien, le duc de Bellune, que Napoléon confie la défense de l'Alsace. Depuis ses débuts au siège de Toulon, on sait que cet officier n'a aucune des qualités du général en chef et manque singulièrement de l'esprit d'offensive propre à galvaniser les hommes qu'il commande. F. Ponteil brosse un cruel portrait de cet homme désabusé : « Le 6 novembre, Victor, duc de Bellune, est à Strasbourg. Aigri, nonchalant, incapable d'initiative, il trouve que rien ne va. Il ne cessera pas de réclamer des hommes, du matériel, des crédits. Avant d'avoir rien vu, il juge la situation intenable. Il aurait dû donner à son commandement une allure révolutionnaire et tenter de mettre le pays en insurrection. Il fait de l'administration. Il ne voit rien par lui-même. Il ne se montre pas. Avec un tel chef, l'inquiétude prendrait corps en Alsace, si les hommes de la ville et des campagnes n'étaient disposés à servir. Les réquisitions s'exécutent. »

Sur ces entrefaites, Berthier, major-général, vient se rendre compte sur place. Il trouve Landau assez bien gardé, Lauterbourg mal défendu, Fort-Vauban sans défense. Il invite les préfets à presser la levée des gardes, Bellune à pousser la réparation des fusils de l'arsenal de Strasbourg.

Son inspection lui laisse l'impression d'une frontière mal gardée, de places insuffisamment défendues, de gardes nationales trop lentes à s'organiser, manquant d'armes et de vivres, de routes couvertes de fuyards. Ce qui l'a frappé surtout, c'est la personnalité de Bellune, chef vieilli et sans volonté. En vain essaie-t-il de lui insuffler un peu d'énergie.

Bellune persiste dans son attitude. Il ne prend aucune initiative, ne se montre pas pour stimuler le zèle de la défense et des habitants qui s'irritent de se voir abandonnés. Ce qui l'inquiète, ce sont les renforts qu'il a demandés et qui n'arrivent pas. Le cordon d'observation sur le Rhin s'affaiblit, car il n'est guère assuré que par des douaniers et des forestiers, appuyés par des détachements de gardes d'honneur dans le Bas-Rhin. Pourtant, en décembre, Bellune obtient le 2e corps d'armée et le 5e corps de cavalerie, qui sont considérés comme une sorte de réserve.

Le 17e régiment d'infanterie légère défile devant la maison Pfister à Colmar
aquarelle de Huen

Les dragons de la division Milhaud près de Sainte-Croix-en-Plaine lors de combats de 1813 *aquarelle de Huen*

L'invasion

Deux remarques s'imposent dans ce contexte : d'une part, les envahisseurs montrent peu de pugnacité et beaucoup de circonspection. Au total, Autrichiens, Russes, Bavarois, Wurtembourgeois ne déploient que peu d'activité. En conséquence, avec un chef d'une autre trempe que Bellune, l'ennemi aurait pu être contenu. Son attitude, comme le souligne F. Ponteil, a frisé l'abandon de poste devant l'ennemi. Du début novembre au 20 décembre, Schwartzenberg, qui avait formé le projet de pénétrer en France par la Suisse, concentre ses troupes au sud du grand-duché de Bade. Du côté français, il y a plusieurs alertes. À la mi-novembre, Schramm craint une tentative de passage à Fort-Vauban. Mais Bellune finit par croire que l'ennemi opérera sur la Hollande et la Belgique. En fait, le 30 novembre, Kehl est investi par les Bavarois qui ont pris position entre le Rhin et la Kinzig, au sud de Kehl.

Au même moment, Loerrach est le point d'une forte concentration. L'ennemi précise ses intentions vers le 10. Il procède à des reconnaissances de terrain qui ne trompent pas ; il coupe les communications entre les deux rives. Toute la rive gauche est alertée. Les paysans sentent l'invasion qui menace. L'ennemi essaie de corrompre les commandants de Huningue et de Fort-Mortier. Il multiplie les coups de main à Neuf-Brisach, à Chalampé. Enfin, dans la nuit du 20 au 21 décembre, il passe le Rhin.

Le commandement français ne comptait plus sur la Suisse depuis quelques semaines. En effet, les Autrichiens occupent Bâle sans coup férir et marchent sur Bourg-Libre. Huningue est investi. Devant la menace, le préfet La Vieuville organise l'évacuation de Colmar. L'ennemi progresse sur Ensisheim, Neuf-Brisach, pousse des reconnaissances vers Sainte-Croix, à deux lieues de Colmar. Mais l'arrivée des dragons du général Mihaud à Colmar, dans la soirée du 22 décembre, réconforte les habitants.

À vrai dire, l'activité alliée est faible. Les ennemis ne savent pas profiter de leur supériorité numérique. Le 24, la brigade Montélégier culbute le corps de partisans du colonel Scheibler et le poursuit par Sainte-Croix jusqu'à Meyenheim. Cet incident rend Schwarzenberg encore plus circonspect. La résistance française, l'attitude des populations l'impressionnent vivement. Il s'attend à une contre-offensive. Aussi, décide-t-il de former une puissante masse de couverture. Il groupe 5 000 hommes et va jusqu'à demander à Blücher de faire une diversion sur Nancy.

Le général Milhaud décide de se maintenir à Colmar pour couvrir Strasbourg et le débouché des routes de la

Schlucht et du col du Bonhomme et permettre aux habitants de mettre à l'abri leurs familles et leurs meubles.

Bellune se confine dans l'inaction. Il n'envoie pas de l'arsenal de Strasbourg à Colmar les fusils qui auraient permis d'armer les paysans qui les réclament. Non seulement, il n'est pas capable d'organiser la ligne Colmar-Neuf-Brisach et celle des cols des Vosges, mais il ne songe qu'à battre en retraite. Alors qu'il aurait fallu organiser une légion de partisans à pied et à cheval, dont Berckheim aurait pris la tête, il prescrit au général Milhaud de ne pas rester en pointe à Colmar et de se replier sur Guémar. Car ce qui le préoccupe avant tout, c'est de maintenir libres ses communications avec l'intérieur.

Le 26, le major-général lui avait bien prescrit d'insurger le pays et d'entrer en campagne. Il avait malheureusement ajouté : « ne pas se laisser couper de Metz ». Bellune ne retient que ce conseil. Aussitôt, il donne l'ordre aux troupes de Haute-Alsace de se replier sur Sélestat. Il abandonne ainsi les passages de Vosges du Sud. Par ce geste, il renonce à conserver l'Alsace (28 décembre). Il semble revenir à une compréhension plus nette de son rôle à la nouvelle de l'arrivée prochaine du duc de Raguse. Trop tard !

À ce moment, les Alliés franchissent le Rhin à Mannheim et, devant Fort-Vauban, à Neuhäusel. La route de Lauterbourg à Strasbourg est coupée. Au sud, de Wrède fait pression en direction de Colmar. Ainsi, Schwarzenberg songe à prendre les Français dans un étau avec les Russes au nord, les Austro-Bavarois et les Wurtembergeois au sud. Bellune renonce à dégager Huningue et Belfort.

Le 3 janvier, il quitte Strasbourg pour Molsheim. De là, il pourrait se porter sur Saverne et franchir les Vosges ou, si la première route lui était interdite, gagner le Donon et de là Raon-l'Étape. Pendant ce temps, Milhaud exécute son mouvement de retraite sans perdre un seul homme de ses vingt-huit escadrons et deux batteries.

Le 3, l'ennemi progresse, occupe Colmar, à qui il impose une lourde contribution. La soldatesque se livre aux pires excès dans les campagnes. Au nord, l'ennemi s'établit lentement à Haguenau, pousse des éclaireurs vers Mommenheim, Hochfelden, Bouxwiller (4 janvier).

À la nouvelle que l'ennemi a fait son apparition aux environs de Saverne, le 5, Bellune décide de passer par le Donon. Milhaud rejoint la route qui y conduit vers Urmatt. Les gardes d'honneur, en retraite au nord de Strasbourg, se replient sur Saverne et franchissent les Vosges à leur tour, le 7. Ainsi Bellune a abandonné sans combat la ligne des Vosges. Il a fui sans être poursuivi, car l'ennemi montre peu d'activité. Par son insouciance, son manque d'organisation, il a découragé les populations de la plaine. Il n'a pas tenté de faire la guerre de position dans les montagnes. Il n'a pas su faire appel au sentiment patriotique des populations qui ne demandaient qu'à se battre. Les Vosgiens vont le montrer, en organisant des corps francs. Bellune n'a pas permis que l'invasion soit tout au moins retardée.

Les dragons de Milhaud affrontent les hussards autrichiens aux portes de Colmar, 23 déc. 1813 *aquarelle de Huen*

Le typhus
lithographie de Raffet

2. Les blocus

À partir du 5 janvier 1814, Strasbourg subit un blocus qui durera trois mois. Le commissaire extraordinaire Roederer et le général Broussier, commandant de la place, organisent la défense et l'approvisionnement de la ville. Pour se procurer les subsides indispensables, Roederer lance un emprunt de 600 0000 francs, organise une loterie des marchandises confisquées et procède à des ventes de sel, de sucre, de café.

Les Strasbourgeois supportent mal les sacrifices qu'on exige d'eux. D'aucuns suggèrent à Roederer de s'en prendre aux spéculateurs qui ont amassé des fortunes grâce à la contrebande. Comble de détresse, la masse des déserteurs et des blessés, débris de la Grande Armée, qui se sont réfugiés en ville, y apportent le typhus qui opère ses ravages. Le préfet organise un système de triage à la frontière et d'évacuation dans deux centres de typhiques, Haguenau et Saverne.

Mais le retour des armées brise le frêle rideau de protection tendu autour de Strasbourg. La ville offre un terrain favorable à la maladie. Les bêtes bloquées en ville sont ravagées par le typhus spécial des bovins. L'arrêté du 13 janvier 1814 prescrit l'usage des fumigations d'acide muriatique et d'acide nitrique ; un corps de fumigateurs est créé, la vente des vieux habits est interdite, on brûle les loques sur la place publique. L'épidémie est maîtrisée, mais en avril, quand le blocus est levé, 3 000 soldats sont morts et sur 5 000 bourgeois atteints, 550 ont succombé, chiffres faibles à côté de ceux de Mayence avec 25 000 cas.

De son côté, Sélestat subit un véritable siège qui durera du 5 janvier au 6 mai. La place était défendue par le colonel Schweisguth, originaire de Molsheim, le général Pappenheim dirigeant le siège.

Huningue capitule avec les honneurs
gravure populaire

« Le 8 janvier, le général de Pappenheim prit le commandement du corps de siège et s'établit à Châtenois. Il fit pousser les travaux d'approche et, dès le 29, malgré le mauvais temps, trois batteries étaient achevées. Situées à 400 pas seulement des ouvrages avancés, elles étaient établies, l'une à l'est de la Lohmühle, la deuxième sur le chemin de Kintzheim, la troisième à la Tuilerie. Toutes trois ouvrirent le feu la nuit suivante et, de minuit et demi à 3 heures du matin, lancèrent dans la ville 60 bombes, 240 obus et 120 boulets qui incendièrent 22 maisons, plus ou moins rapprochées de l'arsenal, dont il fallut séance tenante évacuer le contenu. À ce bombardement succéda une sommation qui n'eut aucun effet ; Schweisguth se contenta de répondre au parlementaire de Pappenheim, lequel lui offrait des conditions avantageuses : « Chargé par mon souverain de lui conserver cette place, je me rendrai digne de ce choix qu'il a fait et je saurai me défendre ».
Le bombardement fut donc repris la nuit suivante, mais poussé avec moins de vigueur, parce que les artilleurs bavarois n'étaient pas suffisamment approvisionnés. Il y eut bien quelques commencements d'incendies, mais ils furent promptement éteints. Dans les nuits des 5 et 6 février, l'assiégeant rouvrit encore le feu, puis adressa de nouvelles sommations à Schweisguth. Mais celui-ci ne voulut rien entendre et déclara qu'il défendrait la ville jusqu'à la dernière extrémité. En même temps, il adressa des compliments aux pompiers et aux habitants, leur disant : « ... un temps viendra où vous serez libres et l'on dira des habitants de Schlestadt ce qu'on a dit aux dernières guerres des habitants de Lille, de Valenciennes et de Condé ; ils prouveront qu'ils sont français » (Pardiellan).
De fait, Pappenheim, de guerre lasse, leva le siège le 6 mai. Paris avait capitulé le 31 mars.

En Haute-Alsace, Huningue est investie le 21 décembre par les troupes du lieutenant général comte Beckers. Elle est défendue par son commandant d'armes Jean-Théophile Chancel, qui sera maire de Belfort en 1815. Malgré la famine, le typhus, les désertions, la résistance est héroïque et la garnison obtient une convention qui lui évite la capitulation pure et simple. Belfort, après 113 jours de blocus, capitule dans des conditions similaires. Pour sa part, Neuf-Brisach tiendra jusqu'au bout.

3. La première Restauration

Le 3 avril parvient à Strasbourg la nouvelle de l'abdication de Napoléon et de la proclamation de Louis XVIII. Le 12, Lezay-Marnésia réunit le conseil municipal qui accueille la nouvelle avec consternation (le préfet se crut au milieu d'un tombeau). Le 16 avril enfin, l'armistice de Brumath suspend un blocus au cours duquel la garnison avait tenté un certain nombre de sorties. Le drapeau blanc est hissé sur la cathédrale, mais l'installation du nouveau régime va se heurter à l'hostilité déclarée des militaires et d'une partie de la population.

Adhésion, résistances et réticences

Comment la ville accueille-t-elle le nouveau régime ? En l'absence de toute consultation électorale, on doit se borner aux estimations qualitatives et aux interprétations des gestes et de la parole. Sans doute tous, et notamment les mères, ces ennemies de l'Empereur, sont heureuses du retour de la paix, notamment les commerçants et les industriels. Que reprenne le mouvement des affaires ! mais dans quelles conditions ? La concurrence de l'Angleterre toujours présente, ne va-t-elle pas s'aiguiser ? Le reste de la population accepte le fait accompli, sans enthousiasme, mais sans hostilité véritable. La Charte garantit l'essentiel des conquêtes de la Révolution.

Le 4 mai, le libraire Louis, marchand d'estampes, met en vitrine les portraits de Louis XVIII, des empereurs d'Autriche et de Russie - la grande espérance -, du duc de Brunswick, du roi de Prusse, sans oublier Louis XVI et Marie-Antoinette ! Le 7 mai, note Harsany, la librairie Levrault propose comme livres nouveaux : *Robespierre et Bonaparte ou les deux tyrannies. Recueil de pièces officielles destinées à détromper les Français sur les événements qui se sont passés depuis quelques années.* Le libraire Treuttel offre le livre suivant : *Exposé des moyens employés par l'empereur Napoléon pour usurper la couronne d'Espagne.* Il en est de même du libraire Pfaehler et du Sr Adorne qui, rue des Petites-Boucheries, propose le buste de Louis XVIII, modelé par Poset. Il est vrai que les autorités avaient donné l'exemple. Où est le temps où une élégante n'aurait pu dormir qu'« entourée de quatre hiboux et surmontée d'un aigle » ?

L'effervescence militaire

C'est parmi les soldats, les sous-officiers et les officiers subalternes que l'opposition se manifeste le plus. Dans les casernes, on boit à la santé de l'Empereur. L'arrivée des prisonniers de guerre, surveillés par des

Logement chez l'habitant à Turckheim *aquarelle de Huen*

Prussiens, des Autrichiens ou des Russes, déclenche une vague d'hostilité : un soldat étranger ne peut se montrer sans être insulté ou molesté. Le libraire Heitz voit sa boutique saccagée par un capitaine. Au théâtre, la pièce intitulée *le Retour des Lys* déclenche une émeute, les militaires prennent la scène d'assaut et incendient les décors. L'agitation règne parmi les élèves du lycée : ils s'en prennent à un de leurs camarades qui avait arboré la cocarde blanche. Le préfet signale l'activité débordante que déploie Charles Schulmeister, l'espion de l'Empereur, enrichi, suspect, surveillé et toujours fidèle.

Pendant que retentit le cri de « Vive l'Empereur », les royalistes tentent de s'organiser, mais la noblesse alsacienne, qui a refusé le régime impérial, est peu nombreuse, sans grande fortune et dépourvue d'influence politique. Demougé a beau multiplier ses effets, la première Restauration ne verra pas naître à Strasbourg un parti royaliste capable de s'opposer aux bonapartistes et aux républicains.

Cependant, au sein de la population, des tiraillements se font jour, l'antagonisme entre prêtres jureurs et réfractaires renaît ; la tendance ultramontaine juge le moment venu de remettre les choses en place. Les catholiques pratiquants, favorables au nouveau régime, inquiètent les protestants qui craignent une remise en cause de leur situation. Les rapports officiels révèlent que les juifs de Strasbourg sont « plus attachés au gouvernement précédent qu'à l'ordre actuel », ce qui tendrait à prouver que le milieu juif alsacien avait jugé à sa juste valeur l'œuvre accomplie par Napoléon ; les acquéreurs de biens nationaux sont inquiets des propos tenus par les royalistes : dans le nord de l'Alsace, des propriétaires émigrés sont revenus réoccuper « leurs » terres.

Les soucis de la grande bourgeoisie de Strasbourg sont d'ordre économique. Quelle attitude le nouveau régime va-t-il adopter quant à leurs revendications les plus pressantes : rétablissement du transit avec l'Allemagne, la Suisse, la Hollande et la Grande-Bretagne ? Moyennant quoi, ils sont tout prêts à se rallier à Louis XVIII, oubliant les fortunes considérables que l'Empire, au temps de sa splendeur, leur a permis d'acquérir. Or, le nouveau régime ne satisfera aucune de leurs revendications. Dès 1815, Strasbourg se trouve réduit au commerce des produits régionaux. Il est bien évident, ainsi que le souligne F. Ponteil, que ce refus explique, pour une bonne part, l'attitude d'opposition politique de Strasbourg de 1815 à 1830.

La mort du préfet

Le voyage du duc de Berry devait sceller l'union entre le nouveau monarque et la population. La personnalité du duc, hautain, cassant et maladroit, réduit ce bel espoir à néant. L'accueil des Strasbourgeois est déférent, sans plus. Les cris de « Vive le Roi » sont rares. Les troupes passées en revue gardent le silence, puis les canonniers éclatent en huées. Le préfet Lezay-Marnésia, consterné, écrit au sous-préfet Sers : « Je voyage avec lui pour plâtrer ses bêtises ». C'est malheureusement au cours de ces déplacements que le préfet trouve la mort, emportant avec lui l'estime unanime des Alsaciens auxquels il s'était tant dévoué.

Le nouveau préfet, Kergariou, et Suchet, qui a remplacé Kellermann, ont bien du mal à calmer les esprits. Les placards bonapartistes fleurissent sur les murs, Strasbourg attend, dans la crainte pour les uns, l'espoir pour les autres, l'inévitable retour de l'Aigle.

Ailleurs en Alsace, la situation n'est pas meilleure pour le nouveau régime. À Huningue, Belfort, Landau, Lauterbourg, Haguenau, partout où l'on trouve des demi-soldes, on demeure hostile aux Bourbons. Mulhouse et Bischwiller, cités protestantes, dont l'économie souffre au moins autant que celle de Strasbourg du nouveau système économique, ne sont pas mieux disposées. Partout, catholiques ultramontains et émigrés réclamant la restitution des biens nationaux, inquiètent tous ceux qui ont acquis ces biens ou qui craignent un retour offensif du catholicisme d'ancien régime.

4. Les Cent-Jours

À la nouvelle du débarquement de Napoléon et de sa fulgurante progression, fleurs de lys et cocardes blanches disparaissent à Strasbourg. Suchet, qui doit diriger des troupes sur Belfort, sait qu'elles se rallieront à l'Empereur le moment venu. La garnison et le peuple, en liesse, forcent le préfet démissionnaire à crier « Vive l'Empereur ». Dans la rue règne une agitation révolutionnaire : on chante « Ça ira » et « La Marseillaise ». Les tiraillements religieux s'inversent, l'espoir a changé de camp. Arthur Chuquet a bien rendu compte de l'enthousiasme des Alsaciens : "Les habitants de Huningue, disait le colonel Chancel, partagent le sentiment qui anime les soldats." Ces mots de Chancel étaient vrais de toute la province et le baron Gérard assurait qu'il n'avait jamais contemplé de spectacle plus touchant, qu'il voyait partout l'exaltation, que l'Empereur semblait le père de la patrie, ramenant et la gloire du soldat et le bonheur de la nation. »

À Landau, la population civile semble dans le délire et, le 27 mars, les gens de la campagne, musique en tête, promènent l'aigle impérial par les rues de la ville : « l'enthousiasme, témoignait le gouverneur, est ce que je n'ai vu dans aucun temps ».

À Lauterbourg, tout respire, selon le mot du commandant Rossanges, l'amour de Napoléon et le dévouement à sa cause. À Haguenau, où il vit en demi-solde, le colonel Turot, un des plus ardents défenseurs de Strasbourg en 1814, arbore à la fenêtre de sa chambre, au milieu des cris d'allégresse, l'aigle de son ancien régiment, le 8e hussards et, le 6 mars, il vient à Paris la remettre dans les mains de l'Empereur, qui lui donne aussitôt le commandement du 12e cuirassiers.

À Mulhouse, la garde nationale tire le canon : cent un coups proclament l'entrée de Napoléon dans Paris et un « vivat longtemps comprimé s'élançait de tous les cœurs ». Déjà les haines de parti se réveillent. Les bonapartistes usent de représailles et, dans nombre de communes, les royalistes menacés se cachent ou se sauvent.

À Bischwiller, le juge de paix Gaul dit qu'il voudrait avoir assez de corde pour pendre tous les bonapartistes ; les habitants s'attroupent devant sa maison en criant qu'ils lui apportent la corde qu'il demande ; il prend la fuite et ne revient qu'à la suite des alliés. Un sieur Joseph Seemann, propriétaire à Haguenau, ancien sous-lieutenant au régiment des grenadiers de Dillon et commis d'administration à l'armée de Condé, doit pareillement quitter le pays et rôder jusqu'à la rentrée des coalisés.

À Colmar, le préfet La Vieuville faillit être immolé par la population. Le général Puthod le met en arrestation, puis le fait échapper et le malheureux écrit à Saint-Cyr Nugues que le département du Haut-Rhin semble n'avoir jamais connu d'interruption dans le règne du gouvernement impérial.

La nouvelle administration impériale s'installe. Jean de Bry, ancien conventionnel régicide, loge à la préfecture. Le baron de Pommereuil procède à l'épuration des cadres administratifs, dont Metz, conseiller de préfecture, est la notable victime. Après le plébiscite sur l'Acte additionnel où la participation électorale est des plus faibles, interviennent les élections à la chambre des représentants. Le collège d'arrondissement désigne le professeur de la faculté de médecine Marchal, un libéral et Mathieu-Favier qui siégera dans la « chambre introuvable ». Le collège départemental désigne au premier tour Brackenhoffer, le maire et Metz, qui vient pourtant d'être épuré, au deuxième tour, Reibell et Popp.

La Confédération des départements du Rhin cherche à retrouver l'esprit de la fête de la Fédération de 1790. Les autorités considérant, d'une part, la reprise de la guerre comme inévitable et d'autre part, l'état de déliquescence de l'armée, espèrent pouvoir compter, grâce à la résurrection de l'esprit de la Révolution sur les ressources de la levée en masse des citoyens.

5. La défaite et l'Alsace occupée

Waterloo sonne le glas de l'Empire. À nouveau, l'Alsace va être envahie et occupée. Dans son *l'Alsace française*, Raymond Oberlé évoque les nouvelles épreuves subies par nos deux départements : « L'infériorité des armées françaises en effectifs est flagrante, la préparation insuffisante. Le général de Pommereul commande la 5e division, le général Schramm les gardes nationaux du Bas-Rhin et Rapp l'armée du Rhin. Il dispose de 58 000 hommes contre 150 000 ennemis qui ne tardent pas à être renforcés. Il ne peut, en raison de son infériorité, que mener une guerre de retardement. Les Prussiens pénètrent en France par la vallée de la Sambre et de la Meuse, conduits par Blücher. Schwarzenberg, à la tête des Autrichiens, est prêt sur le Rhin, au nord de l'Alsace. De Wrede avance sur Landau. Rapp établit son quartier général à Haguenau, puis à Wissembourg. Il dispose de 19 000 hommes. Lecourbe, à la tête de l'armée du Jura, surveille la frontière suisse en s'appuyant sur Huningue. La nouvelle de Waterloo et de l'abdication jette la consternation dans la région. Les alliés appliquent dans les grandes lignes la même stratégie qu'en 1814. Le massif vosgien est débordé au nord par l'armée de Schwarzenberg qui investit Bitche et Lunéville avec le corps d'armée bavarois de Wrede. Wurtembourgeois, Hessois et Autrichiens occupent le nord de l'Alsace et Landau. Rapp, qui a d'abord avancé ses troupes vers la Queich, recule jusqu'au nord de la forêt de Haguenau, entre Seltz, Strasbourg et Bitche. Wissembourg et Lauterbourg sont occupés.

Malgré la réaction héroïque de Rapp, les alliés, bien supérieurs en nombre, avancent sur Strasbourg après avoir incendié Souffelweyersheim. Le blocus de Strasbourg est confié à Schaeffer et à des Autrichiens sous le commandement supérieur du prince Hohenzollern. Les Badois avancent du sud par Colmar et Erstein. Rapp entreprend une sortie téméraire qui coûte 200 hommes aux ennemis, sur Oberhausbergen et Mittelhausbergen (9 juillet). Il se voit contraint de signer avec ses adversaires une convention en vertu de laquelle toutes les places sous ses ordres arrêteront le combat, c'est-à-dire Landau, Sélestat, Phalsbourg, Neuf-Brisach, Huningue et Belfort. La réalité fut différente. Au sud de l'Alsace, les alliés appliquent une stratégie analogue à celle de 1814. Le Rhin est franchi entre Bâle et Reinfeld (26 juin), sans réaction énergique des autorités helvétiques.

Claude-Joseph Lecourbe a pour mission la défense des Hautes-Vosges et du Jura. Il dispose de 2 500 hommes de ligne, de 900 cavaliers, de 30 canons et de 5 000 gardes nationaux.

Arrivé le 1er mai à Belfort, Lecourbe fait construire des redoutes en avant de la place pour tenir l'ennemi à distance, conscient que les progrès techniques de l'artillerie imposent une défense adaptée aux moyens offensifs nouveaux. Il fait élever des redoutes à la Miotte, à la hauteur de la Justice, consolider le bois de la Perche, de Danjoutin. Il fortifie les routes d'accès venant de Lyon et du ballon d'Alsace.

Les combats de 1815. Les francs-tireurs résistent aux alliés *gravure allemande insistant sur la barbarie des résistants*

■
Les Russes aux portes de Strasbourg
Bibliothèque nationale universitaire de Strasbourg

Le général Abbé, chargé de la défense du coin frontalier, recule prudemment à Tagsdorf, puis Dannemarie, puis sur la rive gauche de la Largue. Il manœuvre ainsi habilement entre le 27 juin et le 8 juillet, mais il est obligé de se dérober à la pression des Autrichiens sur Montreux-Vieux, sur Bessoncourt et sur Phaffans. Pendant ce temps, une colonne autrichienne contourne Belfort par l'ouest.
Malgré la défense héroïque du général Bertrand, qui peut rejoindre la brigade Mertziau sur la ligne Sochaux-Chatenois, il faut abandonner Chèvrement, Bessoncourt, Montbéliard et Pont-de-Roide. La supériorité numérique a raison des combats de retardement. Beaucourt (Japy) est incendiée par les Hongrois, 14 villages du périmètre oriental de Belfort brûlent. Phaffans perd ainsi 200 maisons. Belfort est investie du 1er au 6 juillet. Les Autrichiens sont repoussés à Offémont, à Pérouse et à Bavilliers.
Lecourbe parvient ainsi à percer les lignes ennemies pour ramener du ravitaillement. Belfort, avec moins de 900 hommes, résiste aux 40 000 ennemis commandés par Collorado. Les Autrichiens signent le 8 juillet une suspension d'armes. À la nouvelle du retour de Louis XVIII, Lecourbe signe le 11 juillet un armistice. Il est arrivé à mettre 17 000 hommes hors combat. Le 27 juillet, on hisse le drapeau blanc sur l'église de Belfort.

Huningue, dont le général Barganègre assure la défense depuis le 25 mai, subit également un siège, mais moins dur qu'en 1814. La population participe activement à la défense de la ville. La garnison comprend 100 canonniers du 1er régiment d'artillerie, 30 soldats de corps différents, 120 douaniers, 140 militaires en retraite et 5 gendarmes. Il s'y ajoute 1 800 gardes nationaux du Haut-Rhin, sans aucune instruction militaire ; beaucoup d'entre eux désertent. Barganègre tient tête aux 20 000 Autrichiens de l'archiduc Jean. Les villages environnants sont incendiés par des éléments de la Confédération helvétique. Huningue répond par un tir d'artillerie sur Bâle.
Les habitants, y compris les femmes et les enfants,

sont groupés en quatorze compagnies chargées du service d'incendie, de voirie et du transport. Bâle est bombardée une deuxième fois à la suite d'incidents contraires à la neutralité déclarée des Bâlois. À la suite de deux refus de reddition, l'archiduc fait bombarder le 21 août la ville par 130 boules de feu de gros calibre. Huningue subit d'effroyables destructions. Barbanègre arbore le 24 août le drapeau blanc, quand il est convaincu du retour des Bourbons.
De son côté, Sélestat subit également un deuxième siège au cours duquel la garnison se comporta vaillamment. Le 9 juillet, alors que Napoléon est déjà parti pour Sainte-Hélène et que Louis XVIII a réintégré les Tuileries, la garnison de Strasbourg tente sa dernière sortie à Oberhausbergen. »

À Strasbourg, la mutinerie du « général Garnison »

La chute de l'Empire et la deuxième Restauration sont accueillies dans une atmosphère tendue. Les soldats, furieux de la défaite, refusent de se laisser licencier sans avoir touché leur solde. Une mutinerie dirigée par le sergent Dalouzy, « général Garnison » ou « général Strasbourg », éclate du 2 au 4 septembre. Autrichiens et Russes arrivent, en petits groupes il est vrai. On répand l'idée que Strasbourg doit être livrée aux Russes ou aux Autrichiens.
D'aucuns ne pardonnent pas à Rapp son empressement à faire reprendre aux troupes la cocarde blanche. L'insurrection est d'une typologie intéressante : révolte militaire dans l'ordre, dira-t-on. Initiative des officiers (60) d'abord, reprise par les sous-officiers (500) : un meneur (?) Dalouzy, sergent aux Voltigeurs du 7e régiment d'infanterie légère, à peu près illettré, rentré de Russie en janvier ; généraux et colonels sont consignés à leur domicile, Rapp gardé au palais Rohan ; les troupes occupent l'Arsenal, la Monnaie, le Télégraphe, bivouaquent sur la place d'Armes.
Le *Courrier de Strasbourg* note : « Strasbourg offre l'image de l'ordre le plus parfait au milieu du désordre ». Les autorités civiles interviennent. Brackenhoffer s'emploie à réunir la somme nécessaire. Les troupes défilent devant le « général Strasbourg » au cri de « Vive le Roi ». À une proclamation de Dalouzy qui abandonne son commandement succède un ordre du jour de Rapp qui, bien que n'ayant pas décoléré pendant toute l'affaire, prononce des paroles d'apaisement. L'affaire en reste là.

Plus pressants encore et inquiétants étaient les bruits d'annexion ; le sort de Strasbourg et de l'Alsace se jouait autour des tables des congrès, une fois de plus sur la scène internationale. Ce sont ces inquiétudes, apaisées par le second traité de Paris, qui expliquent en grande partie l'attitude de Rapp, aussi bien dans la conduite de la guerre et après Waterloo.
S'accrocher à Strasbourg et s'enfermer dans la ville, que dans le ralliement à la monarchie, retenons sa dernière leçon : « Je ne crains pas, écrit-il, les brevets de girouette ». Il se défiait des Autrichiens : « Ils ont une arrière-pensée, et le recul de la frontière de la Queich à la Lauter a montré combien ses craintes étaient fondées, sur l'Alsace. Je suis en garde contre eux. Il faut être français avant tout » et de conclure : « Il faut maintenant tout oublier et s'attacher franchement au gouvernement du Roi, à qui cette triste expérience doit prouver que l'on doit être roi pour tous les Français ».
Royalisme et patriotisme vont alors de pair et Rapp est certainement représentatif de ceux qu'il a défendus jusqu'au bout. Dans les institutions, la transition est assurée. Ce qui frappe, comme pendant toute la période, c'est la continuité du personnel administratif. Un témoignage : le recteur de l'Académie. Bonapartiste convaincu, Montbrison a appelé au début élèves et enseignants à joindre leurs vœux « à ses vœux pour César et pour son fils ». En 1814, il a adhéré au nouveau régime. Le 18 janvier 1815, il reçoit du roi la croix de la légion d'honneur ; il donne sa démission après le 20 mars 1815. Revenu de Gand le 8 juillet, Louis XVIII lui rend sa dignité de recteur qu'il conserve jusqu'à son départ à la retraite le 6 novembre 1818.

Sans doute, Paul Leuilliot peut-il conclure : « Pendant les Cent-Jours, le sentiment national l'avait, à ce qu'il semble bien, emporté sur les aspirations politiques et les revendications sociales. Il n'en demeure pas moins que, malgré les affinités idéologiques et la centralisation effective, bien supérieure à celle de l'Ancien Régime, réalisée par les nouvelles institutions, le particularisme alsacien s'affirme dans le décor, où voisinent le médiéval et le moderne, dans la langue, dans la plupart des classes, on emploie le dialecte, dans les mentalités. Conformisme idéologique où le religieux domine le politique, mutation économique, fonction du rôle original de la cité, mobilité sociale, l'argent tient lieu de noblesse, tels sont les traits fondamentaux de l'Alsace après 20 ans de guerres et d'épreuves à l'heure où, sur des bases nouvelles, elle se prépare à affronter le XIXe siècle ».

Par ailleurs, les événements tragiques de 1813-1815 ont revêtu une valeur de test en ce qui concerne la fidélité de l'Alsace à la France. Cette province, qui n'a même pas deux siècles de vécu français, allait-elle être sensible au chant des sirènes pangermaniques qui se font entendre de tous côtés ? Félix Ponteil a brillamment répondu à cette question : les Alsaciens n'ont cessé d'être inquiets. Ne va-t-on pas les séparer de la France ? Les revendications de Arndt, fondées sur la langue, leur font envisager douloureusement l'avenir. La phrase fameuse « Der Rhein Teuchslands Strom aber nicht Teuschlands Grenze » résonne à leurs oreilles comme une terrible menace. Généraux, poètes, publicistes allemands lui font écho. Tous répètent le même arrêt, lancinant : l'Alsace, terre allemande, doit revenir à l'Empire. « Non, vieux Rhin, tu n'es pas frontière, clame Frédéric Stolberg, sur tes deux rives, l'esprit allemand fait résonner la parole allemande. »

La France, par le traité du 30 mai, garde l'Alsace, mais perd les arrondissements de Porrentruy et de Délémont. Déjà l'évacuation par les Alliés a commencé, mais lentement. Gouverneurs et commandants militaires continuent à faire des réquisitions, à lever des contributions. Ici, comme à Lanskron, les Bavarois font sauter le pont. Là, comme à Belfort, ils enlèvent tout le matériel de guerre et vendent ce qu'ils ne peuvent emporter. Dans le nord de l'Alsace, Hochberg fait abattre des arbres, défend à la gendarmerie royale de reprendre du service, vit aux dépens du pays, fait raser Fort-Vauban.

Les Alsaciens sont ulcérés. À Strasbourg, les officiers alliés ne peuvent se montrer sans être insultés. Dans la campagne, les hommes vont toujours en troupe, car le paysan a mauvais esprit. Les Alsaciens en veulent surtout aux Badois et les paysans imaginent, pour faire taire leurs enfants, une formule qui peint leurs sentiments : « Tais-toi ou tu seras badois ».

Les Alliés partis, la dispute continue de part et d'autre. L'*Allgemeine Zeitung* traite l'Alsace d'être hybride et dégénéré. Ehrenfried Stöber réplique avec fierté qu'aucune province française n'a donné à la France autant de généraux.

S'il fallait un symbole de cette attitude déterminée, il aurait les traits de Nicolas Wolff de Rothau. Il s'est déjà distingué dans les combats de 1813. Dès le retour de l'île d'Elbe, il obtient de Rapp l'autorisation de lever dans l'arrondissement de Sélestat un corps de partisans fort de 500 hommes à pied et 50 cavaliers. Sans relâche, il harcèle l'ennemi, multipliant les embuscades et les coups de main. Il galvanise ses troupes et ses nouvelles recrues dans des proclamations brûlantes de patriotisme : « Aux armes Alsaciens, je vous attends : l'honneur, la gloire et la patrie vous appellent. Tour à tour, ruse et valeur, discipline et constance, voilà quelles doivent être vos devises ; vive la Patrie, vive l'Empereur, voilà nos cris de combat et de ralliement. »

1921
IMPRIMERIE AL
ANCIENS ÉTABLISSEMENTS: S
ET DUMONT-SCHAUE
STRASB
JANVIER
FÉVRIER
MARS
AVRIL
MAI
JUIN
30 septembre 1805.
Napoléon sur la route de Kehl, goûte le pain
TYPOGRAPHIE, LITHOG
CHROMOG
TRAVAUX POUR L'ADMINISTRAT
LE COMMERCE ET PO

La persistance du souvenir, illustration d'un calendrier de 1921 de l'imprimerie Alsacienne.
Napoléon, sur la route de Kehl goûte le pain de munition (30 septembre 1804)
Bibliothèque nationale universitaire de Strasbourg

Conclusion

L'Alsace et la légende napoléonienne

« Gott der Herr hat einen Sohn und dieser heisst Napoléon. »

Chanson populaire - 1814

Quittons le domaine du fait historique pour nous pencher sur un délicat problème de psychologie et de mémoire collective : la création de la légende napoléonienne. Sans doute est-il toujours possible d'expliquer après coup, en énumérant les causes politiques, économiques, religieuses et surtout militaires, l'apparition de ce phénomène. Plus important, semble-t-il, est de le dater, d'en suivre la progression, d'en évaluer l'intensité, en étudiant le double phénomène à travers les classes sociales.

Amour de la gloire, a-t-on dit, arguant le caractère et les vertus militaires du pays. Il ne semble pas que ce fait vaille pour les Alsaciens, malgré le nombre élevé de braves promus généraux et inscrits sur les listes du cercle militaire. Soixante-deux généraux, dont vingt-quatre figurent sur l'Arc de Triomphe : Kléber, Kellermann, Lefebvre, Rapp, Schramm, mais aussi d'autres moins connus, les fils de Kellermann, Lefebvre, et Reubell, Baegert, Sennemont, Scherer et ceux issus des rangs des vieilles familles nobles, Reinach, Berkheim, Coehorn, Castex.

Au cours des temps et avant la Révolution, l'Alsace n'a pas manifesté une affection débordante pour l'état militaire. On l'a vu au moment des guerres des XVe et XVIe siècles, voire des milices du XVIIIe siècle et seule l'idée de la patrie en danger peut l'émouvoir et rend compte de l'élan suscité par le maire Dietrich. Sans doute, les victoires le séduisent et les gloires des drapeaux ne le laissent pas indifférent, mais là n'est pas l'essentiel, sauf chez les anciens soldats qui trouveront, dans le récit de leurs combats, des motifs de vivre.

Plus importants peut-être, pour la classe des notables, apparaissent les éléments économiques ; dans une certaine mesure, Napoléon leur a livré l'Europe ; au marasme de la fin du Directoire, va s'opposer, dit Roger Dufraisse, et ce, jusqu'au moment où éclate la crise économique de 1810-1811, la prospérité éclatante de l'époque napoléonienne que définissait, le 1er juin 1814, Eichhoff, directeur de l'octroi de navigation du

Rhin : si le transit nord-sud, en raison des circonstances, a notablement diminué, un autre trafic s'est développé : celui de l'intérieur de la France vers les pays du Rhin et réciproquement, et d'énumérer :
- les envois de Lyon et de la France du Midi,
- les vins de Bourgogne et les exportations de la Franche-Comté et du Jura,
- en concurrence avec Cologne et Coblence, l'exportation des produits de la Lorraine, des vins de Champagne, les expéditions de Paris ;
- en concurrence avec Mayence et Cologne, les importations venant de Hollande.

Strasbourg remplit alors le rôle que lui assignaient les intendants de la seconde moitié du XVIIIe siècle : être le relais et l'entrepôt de la France sur le Rhin. Mulhouse et tout le Haut-Rhin se lanceront avec frénésie dans l'aventure manufacturière, indiennage, filature et tissage avec les Koechlin qui savent se montrer reconnaissants. En 1813, Nicolas avance 200 000 francs pour l'approvisionnement de Huningue et se bat comme colonel de la garde nationale de Mulhouse au combat de Sainte-Croix, passe dans les Vosges pour organiser un corps de partisans, se retrouve avec ses frères Ferdinand et Édouard à l'état-major de l'Empereur et donne une dernière preuve de sa fidélité en menant un nouveau combat de partisans en 1815. Avec ses manufactures d'indiennes et son dévouement indéfectible à Napoléon, l'homme, qui sera à l'origine de la première ligne de chemin de fer en Alsace, participe lui aussi et très largement à la légende napoléonienne. À Strasbourg, à Mulhouse, à Thann, à Guebwiller, à Sainte-Marie, à Bischwiller, la prospérité est portée au crédit de Napoléon, compte tenu aussi de l'étroitesse des vues des Bourbons.
Autre élément important et peut-être essentiel, le rétablissement de l'ordre. Après la grande peur issue de la Révolution, après l'anarchie du Directoire et malgré des efforts intelligents mais non suivis d'effets, Napoléon est apparu aux yeux des Alsaciens comme apportant l'ordre et la paix.
Par un réflexe méconnu par beaucoup d'observateurs, et qui ne vaut peut-être pas pour les masses rurales, ce n'est point le militaire que l'Alsace révère, mais le pacificateur, dans le domaine extérieur avec la paix d'Amiens en 1802, qui met fin à dix ans de conflits, dans le domaine civil, par la réintroduction d'une autorité efficace, dans le domaine religieux par le respect des consciences et surtout le Concordat, les articles organiques, l'octroi de textes précis, nets, qui remettent chacun à sa place, disent ce qu'il faut faire, dire, espérer et craindre.

C'est ainsi que la légende va naître en réaction d'une part, avec le régime qui a suivi, y compris la première Restauration, ce qui explique l'élan de 1815, d'autre part, avec le régime qui a précédé, nimbé de sang, de désordre et d'incapacité. Le jeu de la mémoire collective s'accomplit dans un tri intéressé des souvenirs qui aident à vivre à l'heure présente.
Suit alors, au sein de la légende, l'élaboration de la religion. Elle a été en partie contemporaine de l'œuvre elle-même. On y retrouve l'atmosphère du néoclassicisme qui, bien qu'apparu en 1755, avec les fouilles de Pompéi diffusées par Winckelmann, est lié à « l'avènement de l'État hégelien, de la Nation, de la Patrie, c'est-à-dire aux concepts issus de la Révolution française » (F.G. Pariset), mais incarnés dans un homme, voire un surhomme, d'aucuns diront un demi-dieu.

L'aiglon
(roi de Rome)
litho de Wentzel Wissembourg

Napoléon et les écoliers de Strasbourg place du Corbeau
litho. de A. Dusch 1880

Sont-ce seulement les masses rurales qui répétaient ce refrain relevé par Jean Braun :
« Gott der Herr hat einen Sohn
Und dieser heisst Napoleon
Grosser Gott, wir tun Dir danken
Das Du uns hast nos erloest »
(Dieu le père a un fils
qui s'appelle Napoléon
Grand Dieu, nous te remercions
De nous avoir délivrés ainsi)

À travers cette « mythologie », on retrouve le souvenir de l'idéologie tripartite qui reflète les vieilles conceptions indo-européennes, et que le Méditerranéen, installé au pouvoir, diffusait dans l'Empire. Elle postule, dit Robert Schilling, qu'une société ne peut fonctionner harmonieusement que par la structuration de trois fonctions hiérarchisées qui sont la souveraineté (magique et juridique), la force (physique et militaire), la fécondité et la prospérité (avec, à l'origine, les variantes pastorales et agraires), mais, à Strasbourg, bancaires et commerciales. Un grand prêtre, le préfet ; une cohorte, les généraux ; un autel, celui de la Patrie ; des desservants, les conseillers de tous ordres, qu'ils soient généraux, municipaux, administratifs ou appartiennent aux institutions religieuses et, à l'intérieur, la masse des fidèles où se glissent, obstinés, quelques hérétiques.

Le chant s'en mêle. D'abord les magnifiques Te Deum qui, tout comme sous l'Ancien Régime, doivent célébrer les victoires de l'Empereur. La musique populaire soutient l'enthousiasme patriotique de la foule. Les compositions de Chérubini, de Méhul et de Lesueur sont appréciées, en plein air et en salle les concerts se multiplient.

Confisquant à son profit l'élan victorieux de la France révolutionnaire, la légende de l'Aigle, véritable nébuleuse napoléonienne, commande un certain nombre de nébuleuses secondaires qui reçoivent d'elle leur lumière mais qui, en retour, réfléchissent et alimentent son rayonnement :

- nébuleuse féminine, avec Joséphine, « la bien-aimée », dont l'ombre légère hante les bosquets de l'Orangerie, et avec Marie-Louise attentive à suivre, depuis la terrasse du palais Rohan, le défilé des vingt-cinq corporations : les menuisiers portant leur reine sur un trône, les confiseurs chargés de deux gigantesques pains de sucre, les bateliers du Rhin roulant un grand réservoir où nageaient symboliquement une carpe centenaire du Rhin et un silure du Danube ;

- nébuleuse militaire éclairée par les astres purs et glorieux que sont Kellermann, le duc de Valmy qui entraîne derrière lui, avec les soldats de la victoire, les mâles accents de la Marseillaise ; Rapp qui crée sa propre légende, avec le siège de Dantzig et vingt combats glorieux, marqué d'un caractère fier et obstiné, de bons mots, d'amitiés sincères, sans oublier Coehorn tombé à Leipzig, le Bayard de l'armée française ; avant de recueillir la gloire de Kléber, ce lion courroucé et fier ;
- nébuleuse préfectorale et administrative : l'on oublie Laumond et Shée et l'on ne retient que Lezay-Marnésia, le préfet des routes : « 100 000 hommes et 20 000 chevaux ont remis à neuf les routes départementales et nationales », surgissent de temps à autre les bancs du roi de Rome de grès rouge, le préfet des paysans qui surveille la qualité du tabac après l'introduction du monopole en 1810, récompense les planteurs de betteraves et devine que l'industrie du sucre survivra aux circonstances du blocus anglais ; préfet de l'enseignement primaire qui fonde en 1812 la première école normale d'instituteurs, sans parler du préfet des pauvres qui distribue les soupes populaires, lutte contre le typhus, diffuse le vaccin ;
- nébuleuse du mystère et de la fortune (dans tous les sens du mot) avec Charles-Louis Schulmeister, « citoyen de Strasbourg espion de l'Empereur », contrebandier de naissance, qui joue un rôle capital dans la capitulation d'Ulm (20 octobre 1805), avant d'être nommé à Vienne occupée, par décret impérial, commissaire général de la police. Il achète en 1807 la propriété de la Canardière à la Meinau, y élève un célèbre château construit sur les plans de Weinbrenner avec une façade ornée de 4 colonnes corinthiennes ; Mme de la Meinau y reçoit en 1809 l'impératrice Joséphine, sa fille Hortense, reine de Hollande, et la reine de Westphalie ; le meilleur monde se presse à ses réceptions jusqu'en 1814.

Autant de nébuleuses, autant d'astres errants et hiérarchisés par rapport à l'Unique. Chacun y trouve son compte et l'imaginaire, jouant dans le prisme de la réalité strasbourgeoise, lance mille feux pour alimenter la sensibilité, fixer la fidélité des hommes et assurer la pérennité des institutions et l'ordre social.

L'art exprime cette religion ; l'image joue un rôle essentiel. Un officiant : Benjamin Zix, l'inoubliable et toujours présent, qui tient l'autre bout de la chaîne, du côté populaire. Né à Strasbourg le 25 avril 1772 de Jean-Daniel Zix, farinier, et de Catherine Salomé née Memminger, il est baptisé à l'église Saint-Nicolas ; des quatorze frères et sœurs, seuls deux survivent. À 14 ans, il est envoyé à l'école de dessin de Joseph Melling qui, après avoir travaillé à la cour de Bade, s'est installé à Strasbourg en 1776.

Son premier amour est pour le paysage et, sans la guerre, « il serait resté un artiste alsacien comme beaucoup de ses pareils, à toute époque, amoureux de leur terre natale, de ses mœurs, de ses coutumes » (H. Haug). Il illustre un certain nombre de livres allemands, dont les frontispices de l'*Alsatische Taschenbuch* d'Ehrenfried Stöber (celui qui disait : « Mein Schwert ist gallisch, aber meine Leier ist deutsch ») ; mais le grand événement qui survient, comme dans toute existence et qui change toute l'orientation du personnage, c'est le séjour du 26 septembre au 1er octobre 1805 de Napoléon en route pour la première campagne d'Autriche, accompagné de l'impératrice Joséphine ; séjour qui va faire du petit peintre et graveur provincial un artiste officiel : décoration de l'arc de triomphe que la ville fait dresser en hâte à la porte de Saverne sur les dessins de l'architecte Pierre-Valentin Boudhors. Il est remarqué par Joséphine : le baron Denon, directeur général des musées impériaux, le prend à son service. Zix devient l'illustrateur des campagnes napoléoniennes ; il dessine les cinq planches gravées par Christophe Guérin sur les fêtes des 22 et 23 janvier 1806. Le séjour à Paris est interrompu par des campagnes : Prusse 1806-1807, Espagne 1808, Autriche 1809. Il est officiellement le dessinateur de la Grande Armée.

Napoléon au camp de Boulogne (1805) *impression sur étoffe Mulhouse 1827*

Se retrouvent dans son œuvre les scènes de la vie militaire qu'il a connues aux côtés du général de Schauenbourg qui commande en 1795 la place de Strasbourg ; il interprète les scènes des auberges avec *Joyeuse Compagnie* ; il évolue dans le milieu strasbourgeois des petits graveurs, des fabricants de troupes peintes, des petits soldats de carton découpés et peints à la main, lancées sur le marché par les Striedbeck, les Gerhardt ou les Arbogast. Il collabore avec Jean Stuntz et les beaux dessins du passage du Rhin en 1795.
Rappelons enfin telle *Vivandière de l'Armée* ou ce *Volontaire venant de l'armée du Rhin*, dessiné d'après nature le 20 octobre 1796. Plus qu'un témoin de l'époque, Zix en exprime l'esprit. Il est l'instrument de la légende, dans sa continuité et sa fidélité, le propagandiste de la religion que reprendront après 1815 Erckmann-Chatrian et Théophile Schuler.

Reste enfin, non plus nébuleuse, mais réalité tangible, immobile et fier dans ses fluctuations comme dans sa pérennité, le « Napoléon », signe et symbole, créé le 17 germinal an XI (7 avril 1803), qui marque le retour à la frappe de l'or qu'avait connue l'Ancien Régime et qui ouvre, avec le XIXe siècle, pour l'Europe occidentale comme pour Strasbourg, l'ère des bourgeois conquérants.
La légende, établie du vivant de l'Empereur, reçoit une double consécration douloureuse avec la mort du héros en 1821, puis celle de son fils, le duc de Reichstadt, le roi de Rome, en 1832. Le premier, humilié et brimé par les Anglais, le second mis sous l'éteignoir par Metternich. De passage à Strasbourg en mai 1821, un voyageur écrit : « En mai 1821, je me trouvai à Strasbourg. Ce fut une calamité publique. Les paysans ne croyaient pas à cette mort. Pour eux, Napoléon ne pouvait pas mourir. Il régnait une tristesse difficile à comprendre. On eût pris le deuil si l'on avait osé. »

Et voilà l'ouverture du testament du grand homme : il lègue la moitié de sa fortune personnelle aux provinces dévastées par les guerres : l'Alsace est citée en premier.
En souvenir du père et du fils, s'envolent au coin des rues les paroles et la mélodie d'une nouvelle chanson :
« Im Garten zu Schoenbrunnen
Da liegt der König von Rom
Sieht nicht das Licht der Sonnen
Sieht nicht des Himmels Thron
Am fernen Inselstraude
Da liegt Napoleon
Liegt da zu Englands Schaude
Liegt da zu Englands Hohn »

(Dans le parc de Schönnbrunn, repose le roi de Rome ; il ne voit pas la lumière du soleil ; il ne voit pas le trône divin. Sur les rives d'une île lointaine gît Napoléon ; il y gît pour la honte de l'Angleterre, il y gît pour la malédiction de l'Angleterre)

Voici 1840 : l'Empereur revient à Paris, dormir aux Invalides. Kléber revient à Strasbourg reposer entre la Maison-Rouge et l'Aubette. La ferveur populaire reprend de plus belle. L'art populaire alsacien, qui va arriver à son apogée, fourmille de références.

Ici, les fixés sous verre et églomisés avec Napoléon bien sûr, en buste, de profil, au musée de Saverne; le roi de Rome du musée des Unterlinden, Eugène de Beauharnais « le Brinz Uschen », le prince Poniatowsky, le général Rapp et, à nouveau, à cheval, le bras tendu dans un encadrement de rinceaux en or sur fond bleu et noir, le « Napolon Onpereure des Franssese » (sic) du Musée alsacien. Citons encore ce « Kleiekotzer », dégorgeoir du moulin à l'impressionnante tête de grognard de la Garde, les productions de l'imprimerie Wentzel à Wissembourg, la multiplication des petits soldats de Strasbourg, les séries d'assiettes commercialisées par Sarreguemines, petit format avec les heures glorieuses de la Grande Armée, grand format avec l'aigle ou Napoléon face au soleil à Austerlitz.

Avec le Second Empire, la légende de Napoléon atteint des sommets, dûment orchestrée par les autorités et les romans d'Erckmann et de Chatrian. Avec la rupture brutale avec la France en 1870, Napoléon devient la référence, le refuge, le symbole d'une « belle époque » révolue. Du fond de sa cellule au « Raschpelhüss », la prison de Strasbourg installée dans l'ancienne commanderie Saint-Jean, un détenu écrit en 1917 la prière suivante :
« Herr schick uns den Napoleon wieder
un lass die lieben Schwowenbrüder
Heimkeren ins gelobte Land
Or ! Herre, dann lass den Rhein sich teilen
Dass die hohen Wassersäulen
Fest stehen wie eine Felsenwand
Wenn dann in des Rheinen mitten
All die Schwowen sind darinnen
Oh ! Herr, dann mach die Klappe zu
Dann hat das arme Elsass ruh »

(Seigneur, renvoie-nous Napoléon
Et fait rentrer les chers frères boches
Chez eux dans leur pays béni.
Oh ! Seigneur fait alors en sorte que le Rhin se partage
Afin que les hautes colonnes d'eau
Tiennent fermement debout comme une paroi rocheuse
Et quand au milieu du Rhin
Tous les Boches seront installés
Oh ! Seigneur, referme la trappe
La pauvre Alsace sera enfin tranquille)

Les années et les guerres ont passé. L'Alsace demeure fidèle à l'homme devenu un mythe, comme si elle avait gardé en mémoire cette strophe de Charles-Fédéric Hartmann :
« Et ce héros, merveille de l'Histoire
Napoléon, ce géant dans sa gloire,
Jusqu'à ce que la France pousse son dernier soupir
Il sera vénéré, lui, des droits français le martyr »
(traduction libre de l'auteur).

Le tombeau de Napoléon
litho. de F.J. Oberthur
Strasbourg

Bibliographie

Ouvrages

Deux ouvrages fondamentaux sur l'ensemble de la période :

F. L'HUILLIER : *Recherches sur l'Alsace napoléonienne,* Strasbourg, 1947.

E. HARSANY : *La vie à Strasbourg sous le Consulat et l'Empire*, Strasbourg, 1976.

Sur les interprétations du régime, dictature militaire ou non, JEAN BERTAUD, *Napoléon, l'armée et le dictature* (in Histoire, n° 30, janv. 81).

Articles et monographies

a) Les préfets

Aucune monographie n'a encore été consacrée à Shée.

CH. ECKERT : *Vie et action d'Adrien de Lezay-Marnésia*, Saisons d'Alsace, n° 11, 1964.

MAX DE FOURCAULD : *Un préfet du Bas-Rhin sous le Consulat, le comte Jean-Charles-Joseph Laumond*, L'Alsace française, 1929.

A. JOURCIN : *Adrien de Lezay-Marnésia* (1770-1814) (Cf. Vie en Alsace, 1927/1), Strasbourg, 1960.

L. SPACH : *Adrien, comte de Lezay-Marnésia*, Notice biographique, Strasbourg, 1854.

M.-L. VIANSSON-PONTÉ : *Jean-Charles, comte de Laumond*, Nancy, 1897.

b) L'administration

En dehors des références générales dans J. GODECHOT, voir :

HENRI GACHOT, *Kehl, faubourg de Strasbourg sous le Premier Empire* ; *une réunion administrative peu connue* 1808-1814 in Annuaire... Vx Strasbourg t. IV, 1974. (La prise de possession fut ordonnée par le sénatus-consulte du 22 janvier et mise à exécution le dimanche 14 février de la même année.)

G. PAULI : *Le conseil général du Bas-Rhin sous le Consulat et l'Empire*, Strasbourg, 1857.

c) Les questions religieuses

R. EPP : *Ultramontanisme dans le clergé d'Alsace*, Paris, 1975.

F.-G. DREYFUS : *Napoléon et la pacification religieuse en Alsace*, Saisons d'Alsace, n° 5, 1963.

F. LANDMANN : *Das Schulwesen des Bistums Strassburg*, 1802-1804, Strasbourg, 1905-1908.

M. SCHEIDHAUER : *L'organisation des Églises luthériennes en France sous le Consulat et l'Empire*, Strasbourg, 1975.

d) Les juifs

R. ANCHEL : *Napoléon et les Juifs*, Paris, 1928.

L'antisémitisme dans le département du Bas-Rhin au temps de Napoléon, Tribune Juive, supp. als. n° 230.

M. CATANE : *Les juifs du Bas-Rhin sous Napoléon Ier*, Strasbourg, 1967, thèse doct. 3e cycle, dactyl.

P. LEUILLIOT : *L'usure judaïque en Alsace sous l'Empire et la Restauration*, Ann. hist. de la Révolution française, t. 7, 1930.

e) Questions militaires

A. DESPREAUX : *La garde d'honneur de Strasbourg*, Le Messager d'Alsace Lorraine, 1906-1907.

Z.-E. HARSANY, *Charles-Louis Schulmeister, citoyen de Strasbourg et espion de Napoléon Ier*, Saisons d'Alsace, n° 51, p. 83-99. (Cite Paul Muller, L'espionnage militaire sous Napoléon Ier, 1895.)

Z.-E. HARSANY : *Quelques vérités sur l'armée napoléonienne,* Présence de Strasbourg, nos 65 et 66, 1980.

L. KLIPFEL : *Histoire militaire de l'Alsace.* O. O. Les conscrits en Alsace 1790-1815, Elsassland, 1924.

Sur les généraux, cf. les ouvrages classiques de FRÉD.-CH. HEITZ, CH. RABANY (Rev. als., 1887) et G. SIX, Paris, 1947 ; P. TONY (Kellermann, duc de Valmy).

f) Vie économique

LOUIS BERGERON : *Banquiers, négociants et manufacturiers parisiens du Directoire à l'Empire*, Paris, 1975, 2 vol.

LOUIS BERGERON : *Les capitalistes en France* (1780-1914), Paris, 1978.

LOUIS BERGERON : *Négociants et manufacturiers français dans les premières années du XIXe siècle : d'une approche typologique à une analyse sociologique* (Rev. Hist., t. 529, janv.-mars 1979).

A. BRANDT : *L'Alsace napoléonienne et la révolution industrielle*, Saisons d'Alsace, n° 5, 1963.

A. CHABERT : *Essai sur le mouvement des revenus et de l'activité économique en France de 1798 à 1820*, Paris, Médicis, 1949.

CHAPTAL : *De l'industrie française*, Paris, Renouard, 1819.

F. CROUZET : *L'Économie britannique et le blocus continental* (1806-1813), 2 vol., Paris, PUF., 1958.

R. DUFRAISSE : *Les fonctions commerciales de l'Alsace napoléonienne*, Saisons d'Alsace, n° 5, 1963.

H. HAUG : *Die Handelskammer zu Strassburg 1803-1903*, Str., 1903 (cf. Les Études strasbourgeoises pour le 150e anniversaire de la Chambre, Str., 1953).

F. L'HUILLIER : *Sur la crise des subsistances en 1812 à Strasbourg,* Revue d'Alsace, n° 84, 1937.

F. L'HUILLIER : *Lezay-Marnésia et les routes du Bas-Rhin*, Revue du Rhin, n° 12, 1938.

F. L'HUILLIER : *Le Pont du Rhin, aperçu historique,* La vie en Alsace, 1936.

F. PONTEIL : *La situation économique du Bas-Rhin au lendemain de la Révolution*, Strasbourg, 1927.

F. PONTEIL : *La contrebande sur le Rhin au temps du Ier Empire*, Revue historique, t. 175, 1935.

F. PONTEIL : *Les conséquences du blocus continental pour la région rhénane et plus particulièrement à Strasbourg*, Revus du Rhin, 1937, n° 4.

J. SENGENWALD : *Aperçu historique et critique sur le commerce de Strasbourg depuis la Révolution jusqu'à nos jours*, Strasbourg, 1936.

JEAN-MARIE SCHMITT : *Aux origines de la Révolution industrielle en Alsace. Investissements et relations sociales au XVIIIe siècle* (Publ. Soc. Sav. Alsace t. XVIII), Str., Istra, 1980.

ERNEST WICKERSHEIMER : *Les débuts en Alsace de l'industrie de la chicorée-café*, in Rev. d'hist. de la Pharmacie, n° 130, 1951, p. 193-201. (De toutes les provinces de France, l'Alsace sera la première à avoir connu l'usage de la racine torréfiée de la chicorée.)

g) Enseignement

CH. CUVIER : *Notice historique sur les facultés des lettres de Strasbourg de 1809 à 1859*, Strasbourg, 1859.

H. DUMAS-CARENNE : *Documents sur l'origine et le développement de l'école de pharmacie de Strasbourg*, Strasbourg, 1945.

École normale (l') a 150 ans. Préf. F. L'HUILLIER, ART. DE J. WOERTZ, CH. ECKERT, C. SCHNEIDER, E. TERRISSE, Strasbourg, 1960.

Z.E. HARSANY : *L'enseignement secondaire à Strasbourg sous la Révolution*, Saisons d'Alsace, nos 44 et 48.

Z.E. HARSANY : *Louis-Simon-Joseph de Bernard de Montbrison, premier Recteur de (l'académie de) Strasbourg*, in Annuaire Vx-Strasbourg, t. VI, 1976.

HOEFFEL : *Aperçu historique sur l'ancienne faculté de médecine de Strasbourg*, Strasbourg 1872.

F. PONTEIL : *Le haut enseignement scientifique à Strasbourg*, Revue d'Alsace, t. 84, 1937.

F. PONTEIL : *Les débuts de l'Académie impériale de Strasbourg*, Revue du Rhin, t. I, 1937.

R. REUSS : *Le Gymnase protestant pendant la Révolution* (1789-1804) d'après des documents inédits, Paris, 1891.

F. WIEGER : *Geschichte der Medizin und ihrer Lehranstalten in Strassburg vom Jahre 1497 bis zum Jahre 1872*, Strasbourg, 1885.

h) Presse, opinion publique, théâtre

E. BAPST : *La dernière visite de Napoléon Ier à Strasbourg* (mardi 28 octobre 1809), Vie en Alsace, 1934.

JEAN BRAUN : Napoléon en Alsace. Son culte et sa légende, Saisons d'Alsace, hiver 1963, n° 5.

P. DECK : *Histoire du théâtre français à Strasbourg*, Strasbourg, 1948.

HENRI GACHOT : *Strasbourg centre européen du Télégraphe optique de 1798 à 1852* (Le télégraphe était un enfant du soleil. Grâce au temps ensoleillé, fin mars 1811, la nouvelle de la naissance du roi de Rome à 9 h15 à Paris est arrivée à 13 h à Strasbourg et fut connue de toute la population par une affiche du même jour. Annuaire Vieux Strasbourg, t. VIII, 1978).

Z.E. HARSANY : *Le théâtre de Strasbourg, sous le Consulat et l'Empire*, in Annuaire Vx Strasbourg, V, 1975.

Z.E. HARSANY : *La Franc-Maçonnerie à Strasbourg sous le Consulat et l'Empire*, in Annuaire... Vieux Strasbourg, t. 7, 1977. (« Nous sommes les chevaliers du Christ... »)

HANS HAUG : *Benjamin Zix, peintre de la vie alsacienne*, Saisons d'Alsace, 1962, n° 2.

F. LEY : *Madame de Krudener et son temps*, Paris, 1961.

F. L'HUILLIER : *Les grands courants de l'opinion publique en Alsace sous la Révolution, le Consulat et l'Empire*, in Deux siècles d'Alsace française, Strasbourg 1948.

PAUL MARTIN : *Benjamin Zix et le général Lejeune, peintres militaires de l'épopée napoléonienne* Saisons d'Alsace, hiver 1963, n° 5.

PAUL MARMOTTAN : *Le palais impérial de Strasbourg.* Paris 1917.

ROLAND MARX : *Les esprits mystiques à Strasbourg sous le Consulat et l'Empire (Saisons d'Alsace,* hiver 1963, n° 5).

L. SPACH : *Politischer Journalismus im Elsass 1800-1870*, Moderne Culturzustände, t. III.

EGON GRAF VON WESTERHOLT : *Lezay-Marnésia, Sohn der Aufklärung und Präfekt Napoleons* (1769-1814), Meisenheim-am-Glan, 1958.

i) Société

Z.E. HARSANY : *Les Beauharnais à Strasbourg*, Présence de Strasbourg, n° 60, 1979.

DOUGLAS JOHNSON : *French Society and the Revolution*, Cambridge, U.Pr., 1976.

F. PONTEIL : *Une nouvelle forme d'aristocratie au temps de Napoléon.* Les Sénatoreries. (« Kellermann se fit affecter, par décret du II messidor an XII, le ci-devant collège de Molsheim. La maison n'était pas faite pour servir de résidence à un personnage considérable qui avait un grand rôle à remplir sur les bords du Rhin » ; d'où des réparations... non payées.) Études historiques. Mél. 1945. Publ. de la Fac. des Lettres, Str., 1947, p. 259-273.

JEAN TULARD : *Napoléon et la noblesse d'Empire*, Paris, 1979, in La vie quotidienne...

j) La Restauration et les Cent-Jours

A. CHUQUET : *L'Alsace en 1814*, 1900.

A. CHUQUET : *L'Alsace à la veille des Cent-Jours*, 1911.

A. CHUQUET : *L'Alsace et le retour de Napoléon*, 1911.

A. CHUQUET : *Le Blocus de Strasbourg 1814*, Revue d'Alsace, 1900.

A. DORLAN : *Strasbourg en 1814*, La vie en Alsace, 1938.

F.-C. HEITZ : *Strasbourg pendant ses deux blocus et les Cent-Jours*, Strasbourg, 1861.

P. LEUILLIOT : *La première restauration et les Cent-Jours en Alsace*, Strasbourg-Paris, 1958.

P. L'HUILIER : *Le Typhus de 1813-14 à Strasbourg*, th. Médecine, Strasbourg, 1925.

F. PONTEIL : *La chute de Napoléon Ier et la crise de 1814-1815*, Paris, 1943.

k) Sur l'espace rhénan et les routes

R. DUFRAISSE : *La contrebande dans les départements réunis de la rive gauche du Rhin sous le Consulat et l'Empire*, Positions de thèses, École pratique des hautes études, IVe section, Paris, 1975.

Les corporations de la batellerie rhénane : tribus de l'Ancien Régime et guildes de l'époque napoléonienne ; témoignages sur le culte de Napoléon dans les pays de la rive gauche du Rhin (1797-1811), in Jahrbuch f. Westd. Landesgesch. 2. 1976. (rappelle les travaux de JEAN TULARD : *L'Anti-Napoléon, La légende noire de l'Empereur*, coll. Archives 12, Paris, 1965 ; et *Le mythe de Napoléon*, coll. U2, Paris 1971).

J. HANSEN : *Quellen z. Gesch. des Rheinlandes im Zeitalter der Französischen Revolution, 1780-1801*, t. 3, 1934.

F. L'HUILLIER : *Etude sur le blocus continental.* La mise en vigueur des décrets de Trianon et de Fontainebleau dans le grand duché de Bade, s. 1. 1951.

L. TRÉNARD : *De la route royale à l'âge d'or des diligences* (in Les routes de France, p. 101-132) qui rappelle M. BLANCHARD, Les routes des Alpes occidentales à l'époque napoléonienne, 1796-1815, sur le transfert à partir de 1810 de la route du Simplon - en direction de Strasbourg- à celle du Mont-Cenis (en direction de Lyon). Grenoble 1920.

Vue synthétique, récente et fondamentale, en dehors des travaux de FR. CROUZET, dans G. Ellis, *Napoleon's Continental Blockade. The Case of Alsace*, Clarendon Press, Oxford 1981 (tableaux et graphiques), p. 281-284.

Carré Blanc
éditions

Maquette : Caroline Wartel
Photogravure et impression : Valblor – Illkirch (67)

ISBN 2-84488-065-7 - Dépôt légal : octobre 2004

Carré Blanc Éditions
201, route d'Oberhausbergen - 67200 Strasbourg
Tél. : 03 88 10 48 00 - Fax : 03 88 10 48 01
E-mail : carrenet@carreblanc.fr

www.carreblanc.fr
www.memoire-de-vies.com